AI로 하루 만에 영상 만들기
with 런웨이

지은이 어비(송태민)

닉네임 어비로 활동하고 있는 IT 전문가이자 유튜브 크리에이터. 24년간 SK, LG, 현대, 이베이 등에서 인공지능과 사물인터넷(IoT)을 포함한 신사업을 기획·추진해온 경험을 바탕으로, KBS TV와 라디오 등에서 IT 트렌드를 쉽고 친근하게 전달하는 방송인으로도 활약하고 있다. 유튜브 110만 구독자를 보유한 채널 〈어비월드〉를 비롯해 다양한 채널을 직접 운영하고 있으며, 실버 버튼과 골드 버튼을 다수 보유하고 있다. 구글이 직접 선정한 글로벌 Education 대상을 수상했으며, 인공지능을 활용한 다양한 프로젝트를 주도해왔다. 특히 CGV와 함께 인공지능 영화제를 개최하는 등, AI 대중화에 앞장서고 있다.

유튜브 www.youtube.com/@----
이메일 hiddenlabkorea@gmail.com

지은이 레드라쿤(서광민)

'AI Value Architect'라는 정체성으로, AI 기술을 통해 새로운 가치를 창출하고 디지털 혁신을 이끄는 실천적 미래 전문가. AI를 단순한 도구가 아닌 창의성을 증폭시키는 혁신의 매개체로 바라보며, 서비스, 콘텐츠, 일상 등 다양한 영역에서 AI의 가능성을 깊이 탐구하고 있다. 또한 다양한 AI 및 IT 관련 강연을 통해 일반 대중의 기술 이해도를 높이는 한편, 기술 교육의 확산과 디지털 리터러시 향상을 위해 활발히 활동하고 있다.

페이스북 facebook.com/gwangmin.seo
이메일 comms0410@gmail.com

어비와 레드라쿤과 함께 배우는 생성형 AI 제작 노하우 가이드북

AI로 하루 만에 영상 만들기 with 런웨이

초판 1쇄 발행 2025년 06월 10일

지은이 어비(송태민), 레드라쿤(서광민) / **펴낸이** 전태호
펴낸곳 한빛미디어(주) / **주소** 서울특별시 서대문구 연희로2길 62 한빛미디어(주) IT출판1부
전화 02-325-5544 / **팩스** 02-336-7124
등록 1999년 6월 24일 제25100-2017-000058호 / **ISBN** 979-11-6921-394-3 13000

총괄 배윤미 / **책임편집** 장용희 / **기획·편집** 박자수 / **교정** 강신원
디자인 표지 박정화, 박정우 내지 윤혜원 / **전산편집** 김보경
영업마케팅 송경석, 김형진, 장경환, 조유미, 한종진, 이행은, 김선아, 고광일, 성화정, 김한솔 / **제작** 박성우, 김정우

이 책에 대한 의견이나 오탈자 및 잘못된 내용은 출판사 홈페이지나 아래 이메일로 알려주십시오.
파본은 구매처에서 교환하실 수 있습니다. 책값은 뒤표지에 표시되어 있습니다.
홈페이지 www.hanbit.co.kr / **이메일** ask@hanbit.co.kr

Published by HANBIT Media, Inc. Printed in Korea
Copyright © 2025 어비(송태민), 레드라쿤(서광민) & HANBIT Media, Inc.
이 책의 저작권은 어비(송태민), 레드라쿤(서광민)과 한빛미디어(주)에 있습니다.
저작권법에 의해 보호를 받는 저작물이므로 무단 복제 및 무단 전재를 금합니다.

지금 하지 않으면 할 수 없는 일이 있습니다.
책으로 펴내고 싶은 아이디어나 원고를 메일(writer@hanbit.co.kr)로 보내주세요.
한빛미디어(주)는 여러분의 소중한 경험과 지식을 기다리고 있습니다.

어비와 레드라쿤과 함께 배우는 생성형 AI 영상 제작 노하우 가이드북

AI로 하루 만에 영상 만들기 → with 런웨이

어비(송태민), 레드라쿤(서광민) 지음

한빛미디어
Hanbit Media, Inc.

머리글

상상만 하던 영상을 생성형 AI로 직접 만들어보세요!

기술의 물결이 예술의 영역을 만나는 이 흥미로운 시대에 여러분과 함께할 수 있어 기쁩니다. 불과 몇 년 전만 해도 고품질 영상 제작은 전문가들의 영역이었습니다. 고가의 장비, 복잡한 소프트웨어, 그리고 수년간의 훈련이 필요했습니다. 하지만 이제 인공지능이라는 새로운 협력자가 등장하면서 창작의 문턱이 획기적으로 낮아졌습니다.

이 책은 복잡한 영상 제작 지식이나 특별한 AI 기술 없이도, 누구나 생성형 AI를 활용해 전문가 수준의 영상을 만드는 방법을 안내합니다. 단순히 기술을 배우는 데 그치지 않고, 여러분만의 창의적인 비전을 실현하는 여정을 함께할 것입니다.

우리는 지금 누구나 마음만 먹으면 자신만의 콘텐츠를 만들고 유통할 수 있는 창작의 대중화 시대를 살고 있습니다. 과거에는 상상조차 할 수 없었던 방식으로 아이디어를 시각화하고, 이야기를 전달하며, 감정을 표현할 수 있게 되었습니다. AI는 여러분의 창의성을 제한하는 것이 아니라, 오히려 확장시키는 도구입니다. 기술적 한계에 묶여 있던 여러분의 상상력이 마침내 자유롭게 날개를 펼칠 수 있게 된 것입니다.

AI 기술은 지금 이 순간에도 끊임없이 발전하고 있습니다. 오늘 익힌 작은 한 걸음이 내일의 더 큰 혁신을 여는 기초가 될 것입니다. 이 책이 여러분의 창작 여정에 든든한 길잡이가 되기를 바랍니다. 때로는 도전적인 순간도 있겠지만, 새로운 가능성을 발견하는 기쁨이 그 모든 노력을 보상해줄 것입니다.

이제 여러분의 상상력에 AI의 힘을 더해보세요. 여러분이 만들어낼 놀라운 작품들이 세상을 더욱 풍요롭게 할 것이라 믿습니다. 함께 미래의 창작 문화를 열어가는 이 여정에 여러분을 초대합니다.

어비 (송태민)
2025년 6월

하루 만에 영상을 만드는 실전 가이드로 누구나 도전해보세요!

누구나 한 번쯤은 멋진 영상을 직접 만들어보고 싶다는 꿈을 꿉니다. 그러나 영상 제작은 여전히 많은 사람들에게 '어렵고, 시간이 오래 걸리는' 작업으로 여겨집니다. 기획, 촬영, 편집, 후반 작업에 이르기까지 전문 지식과 고가의 장비, 긴 제작 시간이 필요하다는 인식이 강합니다. 하지만 이제는 아닙니다.

AI 기술의 비약적인 발전은 창작의 문턱을 완전히 낮췄습니다. 단순한 보조 역할을 넘어, AI는 이제 창작에 꼭 필요한 인간의 가장 유능한 동반자이자 도구로 자리잡고 있습니다. 특히 Runway와 같은 생성형 AI 플랫폼은 상상을 현실로 구현하는 데 결정적인 역할을 합니다. 단 한 줄의 텍스트만으로도 영상을 생성하고, 사진 한 장만으로도 생동감 넘치는 장면을 만들어내는 시대가 도래한 것입니다.

이 책에서는 텍스트 기반 영상 생성, 스타일 변환, 배경 제거, 립싱크와 같은 핵심 기능을 중심으로, AI가 창작의 효율성과 완성도를 얼마나 극적으로 높여주는지를 실제 사례와 함께 소개합니다.

2025년 4월에 새롭게 업데이트된 Runway Gen-4 및 Gen-4 Turbo는 더욱 섬세하고 정교한 프롬프트 해석 능력을 통해 복합적인 영상도 표현할 수 있게 되었지만, 아직은 실험 단계입니다. 이에 따라 이 책에서는 가장 안정적이고 검증된 Gen-3 Alpha 버전을 기준으로 실습과 제작법을 안내합니다.

이제 영상 제작은 더 이상 소수 전문가만의 영역이 아닙니다. AI와 함께라면 누구나 크리에이터가 될 수 있습니다. 이 책이 여러분의 첫 영상 여정에 든든한 가이드가 되기를 바랍니다. 이제 창작은 AI와 함께 더 빠르고, 더 자유롭고, 더 완성도 있게 시작할 수 있습니다.

레드라쿤(서광민)
2025년 6월

이 책의 구성

LESSON
영상 생성 AI의 프롬프트를 사용한 실습, 기본 이론을 학습합니다.

따라 하기
AI 도구에 직접 프롬프트를 입력하고 실습하며 따라 합니다.

QR 코드
스마트폰 카메라를 비추면 실습에 필요한 웹사이트에 접속할 수 있습니다.

프롬프트
영상 생성 실습에 필요한 프롬프트를 확인합니다.

TIP
실습 도중 막히는 부분, 어려울 수 있는 부분을 시원하게 해결해드립니다.

목차

머리글 4
이 책의 구성 6

CHAPTER 01 | Runway, 무엇이 왜 특별한가?

LESSON 01 | 마법 같은 영상 제작 도구 Runway

Runway는 어떤 도구인가? 14
Runway의 주요 기능은 무엇일까? 15
강력한 도구 Runway의 독특한 장점은? 16

LESSON 02 | 마법 같은 Runway 기능 알아보기

텍스트로 영상을 만드는 Text to Video 18
그림 스타일을 자유자재로 바꾸는 Style 효과 22
배경과 피사체를 똑똑하게 분리하는 Remove Background 24
글자에 생명을 불어넣는 텍스트 모션 그래픽스 28
음성에 맞춰 입 모양을 따라 하는 Lip Sync Video 32
대사나 내레이션을 생성하는 AI 서비스 34
Runway 립싱크 기능 사용하기 40

LESSON 03 | Runway의 다양한 고급 기능

평면을 입체로 바꾸는 3D Capture 기능 42
손상된 부분을 매끄럽게 복원하는 Inpainting 기능 44
시간의 흐름을 느리게, 더 깊게 표현하는 Super-Slow Motion 기능 45

LESSON 04 | Runway를 활용한 영상 제작 사례

광고, SNS 인플루언서 영상 47

목차

뮤직 비디오, 음악 영상 ··· 49
교육, 정보 전달 영상 ··· 51
전문적인 표현이 필요한 독립 영화 제작 ··· 53

CHAPTER 02 | Runway로 영상 만들기 어렵지 않다!

LESSON 01 | 본격적으로 Runway를 시작해보자

Runway 가입부터 시작하자 ··· 58
Runway 프로젝트 시작하기 ··· 59
Runway에 프롬프트 입력해보기 ··· 60
Runway Gen-3 프롬프트 작성 원리 ··· 65

LESSON 02 | 아이디어 구상 : 만들고 싶은 영상을 머릿속에 그려보자

생성형 AI(GPTs)와 대화하며 스토리를 만들어보자 ··· 73
생생한 등장인물 묘사와 캐릭터 개발 ··· 76
영상 길이에 따른 컷과 씬의 구성 ··· 81

LESSON 03 | AI가 아이디어를 영상으로 만들어내는 마법의 순간

Runway Gen-3 Alpha의 프롬프트 구조, 이것만 알면 된다 ··· 83
이미지를 첨부해 영상을 만들어보자 ··· 88
캐릭터 일관성을 유지하며 영상 만들기 ··· 94
배경음악과 각종 효과음은 음악 관련 AI 도구를 활용하자 ··· 99

LESSON 04 | CapCut으로 영상 편집과 최종 출력까지 하나로 처리한다

- AI 영상 편집 툴 CapCut 알아보기 ········ 106
- 준비된 소스 불러와 순서대로 배치하기 ········ 113
- 최종 출력과 SNS 동시 업로드 ········ 116

CHAPTER 03 | 하루 만에 완성하는 Runway 영상 제작 실전 프로젝트

LESSON 01 | 환경보호 홍보 영상 만들기 : 1분 영상

- 프로젝트 전체 과정 간단히 살펴보기 ········ 124
- ChatGPT와 Runway 유료 플랜 가입은 필수 ········ 125
- GPTs로 시나리오 작성하고 플롯과 장면 구성하기 ········ 127
- GPTs로 장면별 프롬프트 만들기 ········ 134
- 생성한 프롬프트로 Runway에서 영상 생성하기 ········ 138
- ElevenLabs로 효과음 만들기 ········ 142
- SUNO로 배경음악 만들기 ········ 145
- CLOVA Dubbing으로 내레이션 만들기 ········ 147
- 생성한 내레이션으로 영상에 립싱크 적용하기 ········ 150
- CapCut으로 최종 편집하고 출력하기 ········ 156

LESSON 02 | 화장품 광고 CF 제작하기 : 30초 광고

- Midjourney 유료 플랜 가입하기 ········ 160
- Midjourney로 광고 모델, 제품 이미지 생성하기 ········ 162

목차

GPTs로 광고 장면별 스토리보드 구성하기	168
생성한 이미지로 다양한 장면 제작하기	170
배경음악과 효과음 제작하기	176
Runway로 이미지를 영상으로 변환하기	177
CapCut으로 최종 편집하고 출력하기	184

CHAPTER 04 | Runway와 AI 영상 제작의 미래

LESSON 01 | 누구나 창작자가 되는 시대, 창작의 새로운 정의

인공지능의 발전과 영화 제작 산업의 변화	188
AI 기술로 가속화되는 영상 제작의 대중화	189
AI가 개입되는 창작이란 무엇인가	191
AI와 인간의 창작 협업 사례	192

LESSON 02 | AI가 만들어내는 새로운 직업 세계

AI의 발전과 새로운 직업의 탄생	195

LESSON 03 | AI 활용에 따른 윤리적 고려 사항

AI 기술 발전과 윤리적 문제의 등장	199
가짜 콘텐츠와 딥페이크 문제	201

LESSON 04 | 창작에서 인간과 AI의 역할 분담

창작 영역에서 AI와 인간의 협력 관계 — 203
AI와 인간의 역할 분담, 창작 과정에서 어떻게 이루어질까 — 204
협업에서 가장 중요한 것은 균형 — 206

LESSON 05 | 곧 다가올 AI 상업 영화의 시대

AI와 영화 산업의 융합 — 208
영화 산업에 도입된 AI 실제 사례 — 209
AI 기술, 상업 영화로의 확장 가능성 — 210

부록 | 동영상 생성 AI에 적용된 기술 이해와 해설

LESSON 01 | 머신러닝과 딥러닝, Runway 영상 생성의 핵심 기술

Runway AI 도구의 핵심 기술 — 214
머신러닝과 딥러닝의 결합 — 215

LESSON 02 | 컴퓨터 비전, AI가 이미지와 영상을 보고 이해하는 방법

컴퓨터 비전, AI의 눈과 두뇌 — 217
컴퓨터 비전의 작동 원리와 객체 인식 — 218
Runway에서 컴퓨터 비전 기술과 응용 — 219

목차

LESSON 03 | 자연어 처리, AI가 텍스트 명령을 이해하고 실행하는 기술

AI의 언어 이해와 Runway에서의 활용 ·· 221

맥락 이해 ·· 224

LESSON 04 | 생성적 적대 신경망, 고품질 영상 생성의 필수 기술

AI 영상 생성의 핵심 기술, GANs ·· 226

GANs의 영상 생성과 시공간적 연속성 ·· 227

GANs가 일으킨 영상 산업의 혁신 ·· 228

GANs의 한계와 미래 전망 ·· 230

찾아보기 ·· 231

CHAPTER 01

Runway, 무엇이 왜 특별한가?

LESSON 01

마법 같은
영상 제작 도구
Runway

Runway는 어떤 도구인가?

Runway는 영상 제작의 새로운 지평을 연 혁신적인 창작 도구입니다. Runway를 활용하면 텍스트나 이미지를 바탕으로 영상을 생성하거나, 기존 영상을 다른 스타일로 변환할 수 있습니다. 또한 모션 브러시(Motion Brush) 등 다양한 기능을 이용해 손쉽게 예술적이고 창의적인 영상을 제작할 수 있습니다.

Runway는 텍스트 기반 이미지 생성, 특정 오브젝트 대체, 배경 제거 등 다양한 도구를 지원합니다. 기존 창작 도구와 비슷하지만, AI 기술로 작업 속도와 효율성을 크게 향상시켰습니다. 미국의 유명 TV 프로그램 〈The Late Show〉는 Runway를 사용해 5시간 걸리던 작업을 5분 만에 완료했으며, 영화 〈에브리씽 에브리웨어 올 앳 원스(Everything Everywhere All at Once)〉의 시각효과 팀도 Runway를 활용했습니다.

Runway는 영상 제작 실무에서 널리 쓰이지만, 전문가만을 위한 도구는 아닙니다. 직관적인 사용법 덕분에 누구나 쉽게 창작자이자 감독이 될 수 있습니다.

▲ Runway의 그린스크린 기능을 활용하여 두 돌멩이가 대화하는 장면을 연출한 영화 〈에브리씽 에브리웨어 올 앳 원스〉의 한 장면[1]

Runway의 주요 기능은 무엇일까?

Runway의 주요 기능을 살펴보겠습니다. 대표적인 기능은 다섯 가지입니다. 먼저 **텍스트-비디오 변환** 기능은 사용자가 입력한 텍스트(프롬프트)를 기반으로 영상을 생성합니다. 예를 들어, 눈이 많이 내리는 날, 눈 덮인 숲속에 있는 산장으로 걸어가는 커플이라는 문장을 입력하면 이를 바탕으로 영상이 자동으로 만들어집니다.

둘째, **이미지-비디오 변환** 기능은 사용자가 업로드한 이미지를 기반으로 영상을 생성합니다. 사용자는 이미지를 프롬프트로 활용해 특정 오브젝트를 대체하거나 배경을 지우는 등 다양한 작업을 할 수 있습니다. Runway는 이미지만 첨부해도 기본 내용을 파악해 영상으로 변환해줍니다.

셋째, **비디오-비디오 변환** 기능은 기존 영상의 스타일을 변경하거나 새로운 영상으로 생성합니다. 사용자는 기존 영상의 스타일을 다른 영상에 적용해 완전히 새로운 느낌을 연출할 수 있습니다.

---

1 'Hollywood 2.0': How the Rise of AI Tools Like Runway Are Changing Filmmaking, Variety.
출처 : https://variety.com/2023/artisans/news/artificial-intelligence-runway-everything-everywhere-all-at-once-1235532322/

▲ Runway 홈페이지의 첫 화면(runwayml.com)

넷째, **텍스트-이미지 변환** 기능은 사용자가 입력한 텍스트를 토대로 이미지를 생성합니다. 예를 들어, ==푸른 하늘 아래 펼쳐진 넓은 들판==이라는 문장을 입력하면 그에 맞는 이미지가 자동으로 생성됩니다.

다섯째, **이미지-이미지 변환** 기능과 모션 브러시(Motion Brush)를 활용하면 이미지나 영상에 모션을 추가할 수 있습니다. 사용자는 이미지나 영상의 특정 부분을 움직이게 하거나 배경을 변경할 수 있습니다. 과거에는 이러한 작업에 전문 소프트웨어가 필요했지만, 이제는 Runway를 통해 누구나 손쉽게 작업할 수 있습니다.

강력한 도구 Runway의 독특한 장점은?

Runway에는 다른 AI 영상 제작 도구와 차별화되는 몇 가지 독특한 장점이 있습니다.

첫째, **직관적인 인터페이스**를 제공합니다. 사용자는 직관적인 화면 구성 덕분에 복잡한 AI 기술을 손쉽게 활용할 수 있습니다.

둘째, **시간과 비용 절감** 효과가 큽니다. 기존에 몇 시간씩 걸리던 작업을 몇 분 만에 완료할 수 있으며, 고가의 장비나 전문 인력 없이도 작업할 수 있습니다.

셋째, **창의성 증진에 기여**합니다. 텍스트 기반 이미지 생성, 오브젝트 대체, 배경 제거 등을 통해 창작자의 아이디어를 즉각 시각화함으로써 혁신적인 아이디어를 쉽게 실현할 수 있도록 돕습니다.

마지막으로, **활발한 디스코드(Discord) 커뮤니티**를 운영합니다. 사용자들은 이 커뮤니티에서 궁금한 점을 해결하고, 새로운 기능을 논의하며, 다양한 제작 사례를 실시간으로 공유합니다.[2]

Runway의 활용 범위는 매우 넓습니다. 이를 통해 제작된 영상들은 유튜브(YouTube), 틱톡(TikTok), 인스타그램(Instagram)과 같은 소셜 미디어 플랫폼에서 큰 인기를 끌고 있습니다. 특히 영화 제작자들은 Runway를 활용해 독창적인 비주얼 효과를 구현하거나, 저예산 프로젝트에서도 고품질 영상을 효율적으로 제작하고 있습니다.

유명 뮤직 비디오, 소셜 미디어 캠페인, 광고 등 다양한 콘텐츠에서 Runway가 사용되며, 특히 단시간 내 효과적인 콘텐츠 제작이 필요한 상황에서 그 가치가 더욱 돋보입니다. 또한 초보자도 쉽게 접근할 수 있는 인터페이스와 자동화된 AI 기능 덕분에 영상 제작 경험이 없는 사람들도 자신만의 창작물을 손쉽게 만들어낼 수 있습니다.

---

2 디스코드 서비스에 회원 가입 후 discord.com/invite/runwayml로 접속하면 Runway 디스코드 채널로 입장할 수 있습니다.

LESSON 02

마법 같은 Runway 기능 알아보기

텍스트로 영상을 만드는 Text to Video

Runway에서 가장 혁신적인 기능은 텍스트(프롬프트)를 입력해 영상을 생성하는 것입니다. 사용자가 간단한 문장을 입력하기만 해도 상상 속 장면을 실제 영상으로 만들 수 있습니다.

어떻게 이런 작업이 가능한지 그 구현 과정을 간단히 살펴보겠습니다. 사용자가 입력한 텍스트는 먼저 자연어 처리(NLP, Natural Language Processing) 기술로 분석됩니다. 예를 들어, 푸른 하늘을 나는 물고기라는 문장을 입력하면[3] 시스템은 '푸른 하늘', '나는', '물고기'라는 텍스트의 주요 요소를 추출하고 각각의 의미를 해석합니다. 자연어 처리 기술은 여기서 단어 간의 관계와 문맥을 고려해 전체 의미를 파악합니다.

텍스트 해석이 완료되면 컴퓨터 비전(Computer Vision) 기술이 적용되어 시각적 콘텐츠로 변환됩니다. 컴퓨터 비전 기술은 해석된 텍스트 정보를 바탕으로 시각적

---

[3] 대부분의 생성형 AI 서비스에서는 텍스트 프롬프트를 입력할 때 영어로 입력해야 합니다. 영어 문장 입력이 어렵다면 AI 번역 서비스인 DeepL(https://www.deepl.com/)을 사용하는 것도 좋습니다.

장면을 구성하며, '푸른 하늘'은 하늘 배경 이미지로, '물고기'의 종을 지정하지 않았다면 임의의 물고기 이미지로 변환됩니다.

이 과정에서 이미지 생성 신경망과 판별 신경망이 상호작용하며 이미지를 만들어냅니다. 생성된 각 프레임은 자연스럽게 연결되어 부드러운 동작을 구현하며, 최종적으로 '푸른 하늘을 나는 물고기' 장면을 표현한 영상이 완성됩니다.

Runway로 간단한 영상 생성해보기

Runway에서 직접 텍스트로부터 영상을 생성해봅시다. 먼저 Runway 웹사이트(https://app.runwayml.com)에 접속해 로그인합니다.[4]

01 메인 화면에서 왼쪽 [TOOLS]의 [Start a session]을 클릭합니다.

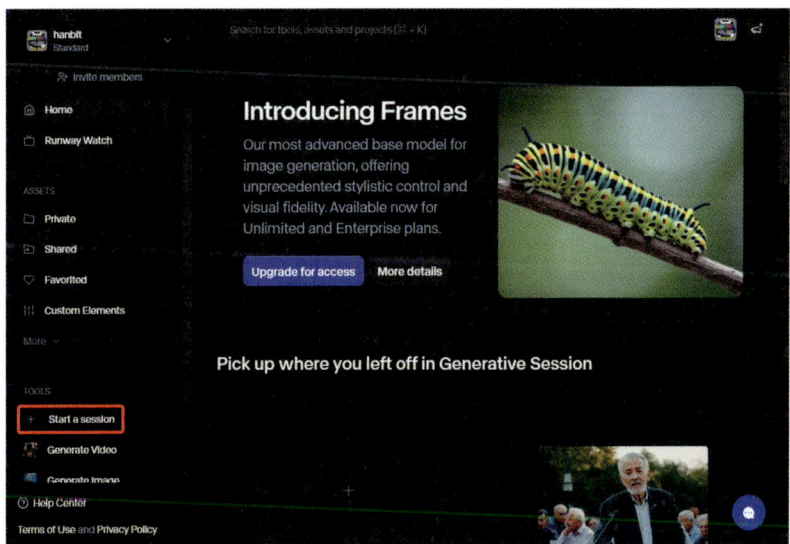

---

[4] Runway 회원 가입은 메일, 구글 계정, 애플 계정 등을 활용하여 쉽게 가입할 수 있습니다. 가입할 때 메일을 확인하여 간단한 회원 가입용 코드만 입력하면 가입 절차가 끝납니다.

02 Session 화면이 나타납니다. ❶은 현재 선택한 버전을 나타냅니다. ❷에서 생성할 영상의 길이를 선택합니다. 5초 또는 10초를 선택할 수 있습니다. ❸[Generate]는 생성 버튼입니다. ❹는 텍스트 프롬프트 입력창입니다. ❺에서 영상 생성에 참조할 이미지나 영상을 선택할 수 있습니다. ❻은 크레딧입니다.

기본적으로 영상 생성 작업은 프롬프트를 입력한 후 버전과 길이를 선택하고 [Generate]를 클릭해 진행합니다. 간단한 텍스트 프롬프트를 입력하는 것으로 시작해보겠습니다.

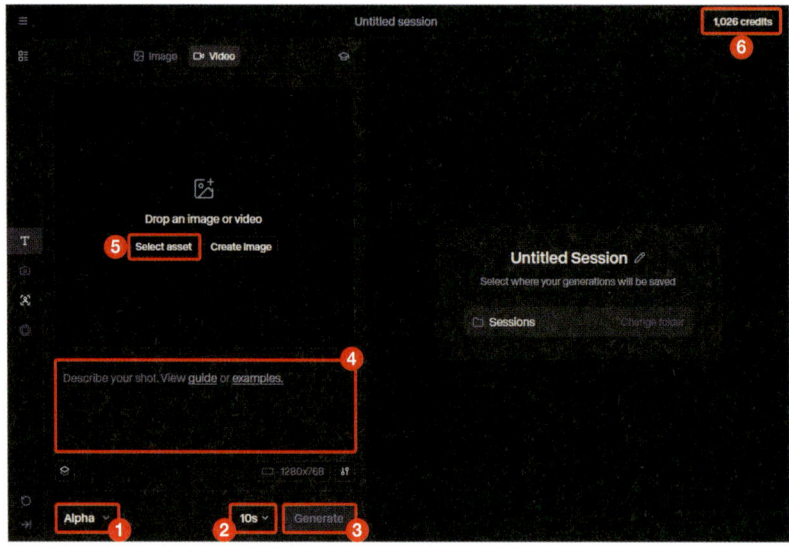

TIP 회원 가입 후 처음 로그인하면 125크레딧이 무료로 주어집니다. Gen-3 Alpha 버전을 기준으로 약 5초의 영상을 만드는 데 50크레딧이 소모됩니다.

03 ❶프롬프트 입력창에 Flying fish in the blue sky(푸른 하늘을 나는 물고기)를 입력한 후 ❷5초를 선택한 뒤 ❸[Generate]를 클릭합니다.

04 영상 생성이 진행됩니다. 영상이 생성되면 재생하여 확인한 후 다시 작업하거나, 이상이 없다면 PC에 저장하여 활용합니다.

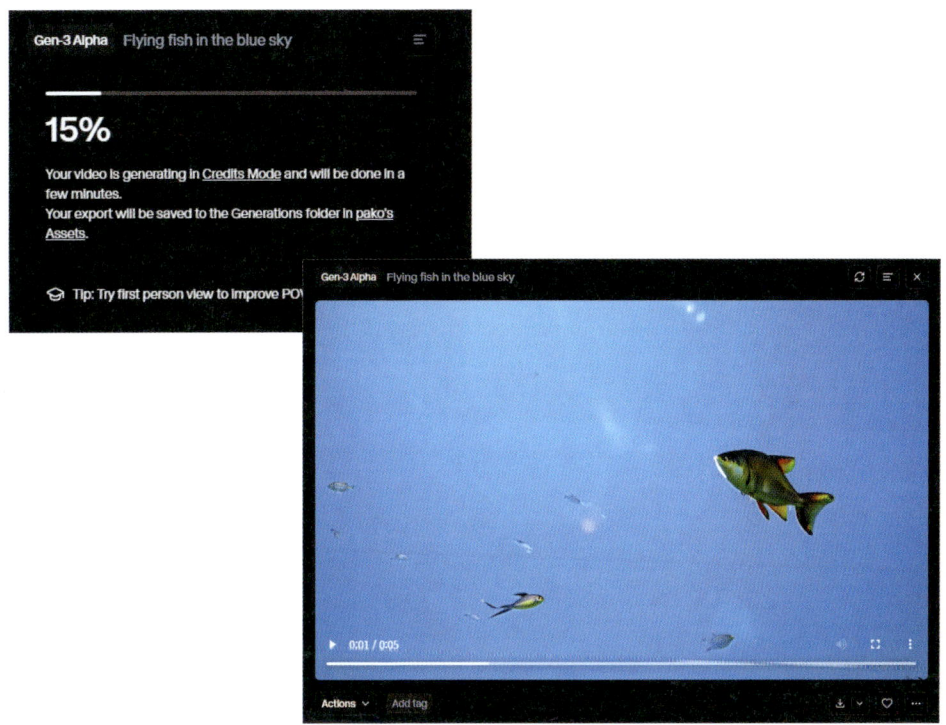

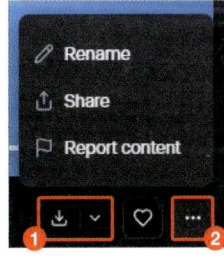

05 영상의 오른쪽 하단에 ❶을 클릭하면 영상을 PC에 다운로드 할 수 있으며 ❷를 클릭하면 영상의 이름을 지정하거나 공유할 수 있습니다.

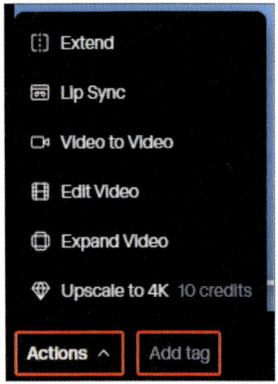

06 영상 왼쪽 하단의 ❶ [Actions]를 클릭하면 영상 확대, 재생 시간 늘리기, 업스케일 등 다양한 작업이 가능하며 ❷ [Add tag]를 클릭하면 영상에 태그를 입력할 수 있습니다.

그림 스타일을 자유자재로 바꾸는 Style 효과

Runway의 또 다른 강력한 기능은 평범한 사진을 명화로 변환하는 스타일 변신 기능입니다. 스타일 변환 도구를 사용하면 원본 사진을 원하는 예술 작품 스타일로 손쉽게 바꿀 수 있습니다.

스타일 변신 기능은 스타일 전이(Style Transfer) 기술을 기반으로 합니다. 스타일 전이는 특정 예술 작품의 스타일을 분석해 다른 이미지에 적용하는 방식으로 작동합니다. 예를 들어, 반 고흐 그림 스타일을 적용하면, 사진이 마치 반 고흐의 작품처럼 바뀝니다. 딥러닝 알고리즘과 신경망 기술을 활용한 스타일 전이는 콘텐츠 이미지와 스타일 이미지를 결합해 다양한 예술적 효과를 구현합니다.

스타일 전이는 콘텐츠 이미지의 구조적 요소와 스타일 이미지의 텍스처, 색상, 브러시 스트로크 등을 분석해 두 이미지를 결합하는 기술입니다. 이를 통해 원본 사진에 예술적 스타일이 입혀진 새로운 이미지가 탄생합니다.

AI는 콘텐츠 이미지의 모양, 윤곽 등 구조는 유지하면서 스타일 이미지에서 추출한 색상, 질감, 패턴 등의 요소를 적용해 이미지를 재구성합니다.

▲ AI로 생성한 이미지에 Style 기능을 적용한 예시

Runway는 스타일 전이 기술을 직관적으로 구현했습니다. 변환할 이미지를 업로드하고 원하는 스타일만 선택해도 됩니다. 고흐의 '별이 빛나는 밤', 모네의 '수련', 피카소의 추상화 등 다양한 스타일 옵션을 제공하며, 미리 보기로 적용될 스타일을 확인할 수 있습니다.

스타일을 선택한 뒤 간단한 프롬프트를 입력하고 [Generate]를 클릭하면, AI 모델이 몇 초에서 몇 분 안에 결과물을 보여줍니다. 변환된 이미지는 스타일 강도 조절이나 특정 영역 스타일 적용 등 세부 조정이 가능해 더욱 독창적인 결과물을 만들 수 있습니다.

완성된 이미지는 밝기, 대비, 채도 등을 기본 편집 도구로 추가 수정할 수 있습니다. 최종 결과물은 이미지 파일로 저장하거나 소셜 미디어에 공유할 수 있으며, 고해상도 출력이나 다른 디자인 프로젝트에 활용할 수도 있습니다.

배경과 피사체를 똑똑하게 분리하는 Remove Background

배경 제거는 Runway의 강력한 기능 중 하나입니다. 그린스크린이 아닌 복잡한 배경도 자동으로 제거하고, 투명하게 바꾸거나 원하는 이미지로 대체할 수 있습니다. 예산이 적은 개인 창작자나 소규모 영상 제작 팀이라면 시간과 노력을 크게 절약할 수 있습니다.

배경 제거는 컴퓨터 비전(Computer Vision)과 딥러닝(Deep Learning) 기술의 결합으로 구현됩니다. 이러한 기술로 영상에서 피사체(주요 인물이나 객체)를 정확하게 식별하고 배경을 자동으로 제거합니다. 전통적인 그린스크린 방식과 달리 Runway의 인공지능 기술을 활용하면 배경을 즉시 제거할 수 있습니다.

컴퓨터 비전 기술은 영상 속 객체와 배경을 구분합니다. 객체 인식 과정에서 사람, 물건, 동물 등 특정 객체의 위치와 경계를 파악해 배경 제거가 원활하게 진행됩니다.

이미지나 영상은 작은 조각 단위의 픽셀로 구성되는데, 각 픽셀을 피사체 혹은 배경으로 분류할 수 있습니다. Runway는 이러한 픽셀 단위 분석을 통해 사람, 동물, 사물 등 주요 객체와 배경을 정확하게 분리합니다.

딥러닝 모델은 배경 제거의 핵심입니다. 수많은 학습 데이터로 훈련된 신경망으로 영상의 각 프레임을 분석하고, 픽셀 간의 관계를 파악해 객체와 배경을 매우 정교

▲ AI가 피사체를 인식하는 모습의 예시(미드저니 AI 이미지 생성)

하게 구분합니다. 딥러닝 모델은 다양한 배경과 조명 조건에서도 피사체를 정확히 인식하도록 설계되었습니다. 덕분에 복잡한 환경에서도 깨끗하게 배경을 제거할 수 있으며, 피사체의 테두리가 자연스럽게 유지됩니다.

배경 제거는 대부분 자동으로 처리됩니다. 클릭 한 번으로 배경을 제거할 수 있으며 실시간 작업도 가능해 영상 제작 중에도 배경을 즉시 변경할 수 있습니다. 덕분에 비디오 콜이나 라이브 스트리밍과 같은 실시간 콘텐츠 제작에 효과적으로 활용할 수 있습니다.

Runway에서는 몇 단계의 직관적인 과정만으로 복잡한 배경을 손쉽게 제거할 수 있습니다. 바로 Remove Background 기능을 사용하면 됩니다. 영상은 mp4, mov 등 일반적인 비디오 형식을, 이미지는 jpeg, png와 같은 형식을 지원하며 바로 업로드해 작업할 수 있습니다.

파일 업로드 후 피사체를 선택하면 Runway가 몇 초 안에 분석을 완료합니다. 이를 마스킹(Masking)이라고 합니다. 피사체 선택 후 [Done Masking]을 클릭하면 영상 속 객체를 감지해 배경을 자동으로 제거하며, 미리 보기 화면에서 결과를 즉시 확인할 수 있습니다.

▲ 기존 이미지나 영상을 불러와 피사체를 지정하고 배경을 삭제한 예시

특정 부분에서 세밀한 조정이 필요할 경우, 브러시 도구를 사용하면 됩니다. 남은 배경을 제거하거나 잘못 제거된 부분을 복구할 수 있으며, 브러시의 크기와 강도를 필요에 맞게 조절할 수 있습니다.

배경 제거 후에는 단색 배경, 그린스크린 배경 등 기본 옵션을 사용하거나 배경으로 설정할 이미지나 영상을 직접 추가할 수도 있습니다. 배경을 흐리게 처리하는 작업도 가능하며, 여행 사진이나 특정 테마를 배경으로 추가해 더욱 흥미롭게 연출할 수 있습니다. 배경을 추가할 때 크기와 색상, 조명을 조정할 수 있는 옵션을 활용하면 자연스럽고 완성도 높은 결과물을 만들 수 있습니다. 이러한 세부적인 조정 기능은 영상의 완성도를 높이는 데 큰 도움이 됩니다.

배경 제거 기능의 가장 큰 장점은 그린스크린 없이도 배경을 제거할 수 있다는 점입니다. 전통적인 방식과 달리 AI 기술로 간단히 배경을 제거할 수 있어 소규모 제작 팀이나 개인 창작자에게 유용합니다.

정확한 피사체 인식도 주요 장점입니다. 정교하게 훈련된 AI 모델은 복잡한 배경이나 다양한 조명 조건에서도 피사체를 정확히 인식해 배경을 깔끔하게 제거합니다.

작업 속도도 매우 빠릅니다. 몇 초 내에 배경을 자동으로 제거하고 실시간으로 결과를 확인할 수 있어 효율적입니다. 완성된 영상은 고해상도 파일로 저장하거나 소셜 미디어 플랫폼에 바로 업로드할 수 있습니다.

▲ 그린스크린을 활용해 영상을 촬영하는 예시(미드저니 AI 이미지 생성)

글자에 생명을 불어넣는 텍스트 모션 그래픽스

Runway의 또 다른 혁신적인 기능은 텍스트를 생동감 넘치는 영상 요소로 변환하는 기능입니다. 현재는 영문 텍스트만 정확하게 표현할 수 있지만, 특별한 날이나 이벤트가 있을 때 독창적인 메시지를 만들어 유용하게 활용할 수 있습니다.

텍스트에 생명을 불어넣는 기능은 텍스트 애니메이션과 비주얼 이펙트(VFX) 기술을 기반으로 구현됩니다. 입력된 텍스트에 다채로운 애니메이션과 효과를 적용해 메시지를 감각적이고 인상 깊게 전달합니다.

텍스트 애니메이션은 텍스트를 움직이거나 변형하는 기술로, 모션 그래픽스(Motion Graphics)와 키프레임 애니메이션(Keyframe Animation)을 활용합니다. 모션 그래픽스는 그래픽 디자인과 애니메이션을 결합해 정적인 이미지를 생동감 있게 표현하는 기법입니다. 키프레임 애니메이션은 특정 지점에서 텍스트의 위치와 크기, 색상 등을 설정하고, 두 키프레임 사이의 변화를 자동으로 생성해 부드러운 움직임을 만듭니다.

텍스트 애니메이션의 스타일과 속도, 타이밍은 쉽게 설정할 수 있습니다. 화면에서 메시지가 서서히 커지거나, 회전하면서 나타나거나, 반짝이는 효과를 추가하는 등 다양한 스타일을 연출할 수 있으며, AI가 자동으로 생성한 애니메이션을 원하는 대로 조정할 수 있습니다.

비주얼 이펙트(VFX)는 텍스트에 시각 효과를 더해 인상적인 비주얼을 만듭니다. 영화나 광고에서 사용하는 특수 효과처럼 글자를 불타오르게 하거나, 빛나게 하거나, 물방울이 맺히는 효과를 적용해 단순한 메시지에 시각적 감동을 더합니다.

텍스트 모션 그래픽스는 별도의 복잡한 설정 없이 프롬프트 입력만으로 생성할 수 있습니다. 예를 들어, 바다 위에 'hello'라는 텍스트가 나타나는 영상을 만들고 싶다면 다음과 같이 프롬프트를 작성할 수 있습니다.

The scene starts in location sea and begins to transforms to form the word "hello", centered, superb cinematic lighting. (바다에서 시작되는 이 장면은 중앙에 위치한 "안녕하세요"라는 단어가 멋진 시네마틱 조명과 함께 형성되기 시작합니다.)

TIP 프롬프트를 입력할 때 특정 텍스트를 지정해 생성하려면 큰따옴표(" ")로 묶어줍니다.

이렇게 프롬프트를 작성하고 [Generate]를 클릭하면 망망대해 수면 위로 'HELLO'라는 글자가 차례대로 서서히 나타나며 멋진 조명이 비춰지는 영상을 확인할 수 있습니다.

▲ 수면 위로 서서히 텍스트가 나타나는 영상 결과물

과거에는 단 5초짜리 짧은 영상에도 원하는 효과를 표현하는 데 몇 시간이 걸렸지만, Runway의 텍스트 효과 기능을 활용하면 빠르고 간편하게 구현할 수 있습니다.

생성된 영상 재생 화면에서 효과를 직접 확인하고 기호에 맞게 조정할 수도 있습니다. 특별한 날에 메시지를 극적으로 전달하기 위한 불꽃 효과나 로맨틱한 분위기를 연출하는 부드러운 빛 효과 등을 적용해 시청자의 주목을 끌 수 있습니다.

> **TIP** 다만, 생성된 영상은 5초 또는 10초 단위로 크레딧이 차감되므로, 잦은 수정과 재생성 시 많은 크레딧이 소모될 수 있다는 점에 유의해야 합니다.

이러한 기능은 Runway의 Gen-3 Alpha 버전에서 제공되며, 프롬프트를 입력할 때 원하는 메시지와 함께 대략적인 글꼴(영문)과 크기, 색상, 위치 등 기본적인 설정이 가능합니다. 또한 텍스트가 왼쪽에서 오른쪽으로 이동하거나 서서히 투명해지는 등의 효과도 프롬프트 입력만으로 쉽게 구현할 수 있습니다.

Runway에서 사용할 수 있는 다양한 텍스트 효과 프롬프트는 다음과 같습니다.

▲ Bold 효과

▲ Graffiti(좌), Neon(우) 효과

▲ Varsity(좌), Embroidery(우) 효과[5]

---

5 Gen-3 알파 프롬프트 가이드 공식 자료(Gen-3 Alpha Prompting Guide).
  출처 : https://help.runwayml.com/hc/en-us/articles/30586818553107-Gen-3-Alpha-Prompting-Guide

음성에 맞춰 입 모양을 따라 하는 Lip Sync Video

영상 제작에서 립싱크, 즉 음성과 입 모양의 일치는 중요한 요소 중 하나입니다. 싱크가 정확하지 않다면 시청자는 쉽게 몰입감을 잃고, 영상의 품질이 떨어진다고 느끼기 마련입니다. 특히 애니메이션이나 비주얼 이펙트(VFX) 장면에서 인물의 입 모양이 음성과 맞지 않으면 굉장히 부자연스러워 보일 수 있습니다.

이러한 문제를 해결해 주는 것이 바로 Runway의 립싱크 기능입니다. 이 기능을 사용하면 미리 준비된 오디오 파일을 기반으로 캐릭터의 입 모양을 자동으로 조정할 수 있습니다.

기본적으로 인물의 대사 음성과 입 모양이 정확하게 맞아떨어지도록 만드는 작업은 매우 어렵습니다. 음성과 입 모양의 싱크가 맞지 않으면 영상은 어색해지고, 시청자가 빠져들기 어렵습니다. 이런 문제는 애니메이션, 게임과 같이 수작업 혹은 컴퓨터 그래픽으로 제작한 영상에서 특히 자주 발생합니다.

전통적으로 애니메이션을 제작할 때는 음성을 먼저 녹음하고, 그에 맞춰 캐릭터의 입 모양을 그리거나 조정하는 것이 일반적입니다. 이런 과정은 매우 복잡하고 많은 시간이 소요됩니다. 애니메이터가 프레임 하나하나 음성에 맞춰 입 모양을 수정하기 때문에 긴 대화 장면이나 복잡한 애니메이션이라면 상당한 노력이 필요합니다.

이런 점에서 Runway의 립싱크 기능은 매우 혁신적입니다. 오디오 파일만 있으면 캐릭터의 입 모양을 자동으로 조정해주기 때문입니다. 이렇게 자동화된 립싱크 기능으로 시간을 절약할 뿐만 아니라 품질도 크게 향상할 수 있습니다.

오디오 파일에 맞는 정확한 입 모양을 생성하는 립싱크 기능의 핵심은 음성 분석과 입 모양 추출, 매핑 기술에 있습니다. Runway의 립싱크 기능을 사용해본다면 문장, 단어에 대해 캐릭터가 거의 정확하게 입 모양을 표현하는 모습에 매우 놀라게 될 것입니다.

▲ Runway의 Lip Sync 기능을 적용한 장면 예시

립싱크 기능의 첫 단계는 음성 분석입니다. AI 모델이 오디오 파일에서 음성의 주파수, 높낮이, 발음의 세부적인 특징을 분석해 말하는 사람이 어떤 소리를 내는지 파악합니다. 이를 통해 각 소리(음절)에 맞는 입 모양을 결정할 수 있습니다.

발음의 음절과 입 모양 간의 관계를 폰에믹 매핑(Phonemic Mapping)이라고 합니다. 예를 들어, '아'는 입을 넓게 벌리는 모양, '이'는 입이 좁고 입꼬리가 올라간 모양에 대응합니다. Runway는 방대한 음성과 입 모양 데이터를 기반으로 매핑 과정을 자동으로 수행합니다.

다음은 프레임별 입 모양 생성 단계입니다. 오디오 파일 분석이 완료되면 AI가 각 프레임에 맞는 입 모양을 생성합니다. 음성의 길이와 속도에 따라 입 모양이 자연스럽게 변환되며, Runway의 딥러닝 모델이 이를 부드럽게 연결해 일관된 립싱크로 구현합니다.

프레임별 생성은 실시간으로도 가능해 실시간 스트리밍이나 라이브 방송의 캐릭터 대화 구현에 특히 유용합니다. 오디오 파일을 입력하면 몇 초 안에 캐릭터의 입 모양이 자동으로 생성됩니다.

Runway의 립싱크용 딥러닝 모델은 사전에 학습된 방대한 음성-입 모양 데이터를 기반으로 작동합니다. 음성의 미세한 차이까지 분석해 각 발음에 맞는 최적의 입 모양을 생성하며, 발음 간의 연속성도 고려합니다. 예를 들어, '바나나'라는 단어를 발음할 때 '바'와 '나' 사이의 입 모양이 매우 부드럽게 이어져 자연스러운 움직임을 만들어냅니다.

대사나 내레이션을 생성하는 AI 서비스

Runway의 립싱크 기능을 제대로 사용하려면 음성 파일을 준비해야 합니다. 음성 파일은 직접 녹음해서 만들 수도 있지만, 전문 성우가 아니라면 녹음한 음성 품질이 좋지 않아 고민이 될 수 있습니다. 이때는 대사나 내레이션을 생성해주는 다양한 더빙 AI를 활용해도 좋습니다. 시중에 출시된 더빙, 음성 생성형 AI 중 유명한 몇 가지 서비스를 살펴보겠습니다.

CLOVA Dubbing

CLOVA Dubbing(클로바 더빙)은 네이버 클로바가 독자적인 음성 합성 기술로 만든 AI 보이스 서비스입니다. 텍스트를 음성으로 변환할 수 있으며, 기본 제공 음성 외에도 사용자의 목소리를 업로드해 활용할 수 있습니다.

CLOVA Dubbing은 개인 및 비영리 목적이면 무료로 사용할 수 있습니다. 기업이나 단체가 영리 목적으로 사용할 때는 무료 버전이라면 CLOVA Dubbing이라는 출처를 반드시 표기해야 하며, 유료 버전은 출처 표기 없이 사용할 수 있습니다.

▲ CLOVA Dubbing 홈페이지 첫 화면(clovadubbing.naver.com)

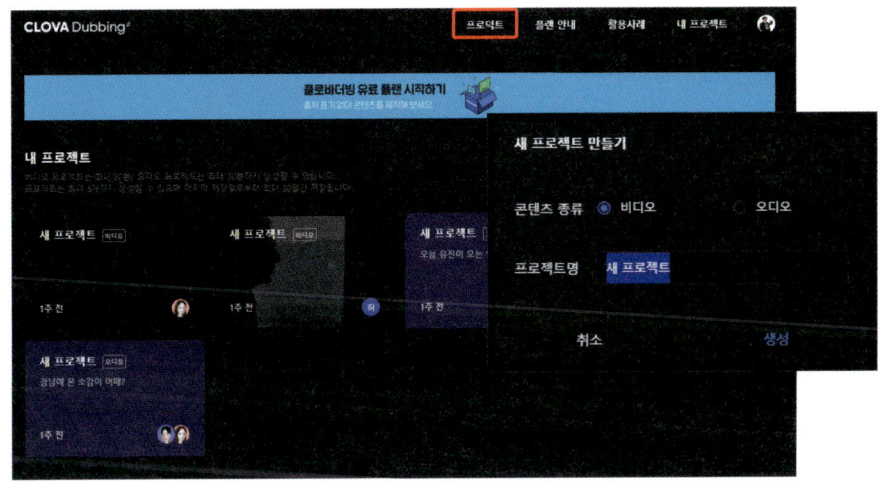

▲ 로그인 후 [프로덕트]-[AI 더빙 에디터]를 클릭하면 새 프로젝트를 생성할 수 있다

홈페이지(clovadubbing.naver.com)에 접속 후 네이버 아이디로 로그인하면 바로 시작할 수 있습니다. 새 프로젝트를 생성하고 비디오, 오디오 중 콘텐츠 종류를 선택합니다. 비니오 에디터는 내가 작업한 동영상이나 PDF 자료를 불러와 화면을 보면서 적절한 오디오 더빙 작업이 가능하며, 오디오 데이터는 음성 더빙 작업만 진행합니다.

CLOVA Dubbing은 상황에 맞는 다양한 음성을 선택할 수 있고, 전문 성우가 아닌 일반인의 목소리도 활용할 수 있어 다큐멘터리, 교양 프로그램, 뮤직 비디오 등 다양한 AI 영상 제작에 적합합니다. 다만, 현재는 자연스러운 감정 표현에 한계가 있는 편이어서, 앞으로 이 부분이 개선된다면 활용도가 더욱 높아질 수 있습니다.

Typecast

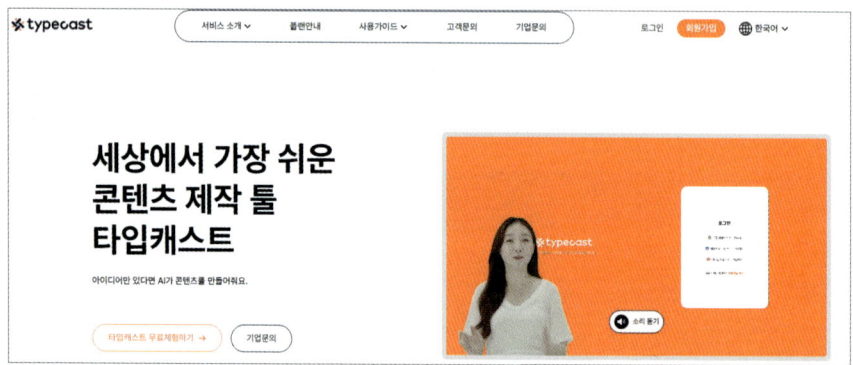

▲ Typecast 홈페이지 첫 화면(typecast.ai)

Typecast(타입캐스트)는 CLOVA Dubbing과 비교하여 감정 표현이 더욱 섬세하게 구현된 프리미엄 AI 더빙 서비스입니다. 서비스는 기본적으로 유료로 제공되며, 무료 이용 시에도 작업한 콘텐츠를 다운로드할 수 있습니다. 다만, 무료 다운로드 콘텐츠는 비영리적 목적으로 개인 온라인 게시물에 한해 사용할 수 있습니다.

계정 연동으로 간편하게 회원가입과 로그인을 할 수 있습니다. 더빙 작업을 할 때는 먼저 캐릭터를 선택한 후, 내레이션이나 대본을 입력합니다. 특히 Typecast는 감정 표현과 읽기 속도, 문장 끊어 읽기, 그리고 끝음 조절 등 다양한 기능을 제공하여 영상 특성에 맞는 더욱 자연스러운 더빙을 구현할 수 있습니다.

Typecast에서는 기본 제공되는 감정 선택지 외에도 AI 프롬프트를 직접 입력하여 원하는 감정 톤을 구현할 수 있습니다. 이 기능은 현재 베타 서비스로 제공되지만,

앞으로 정식 오픈한다면 더욱 생생한 감정을 표현할 수 있으며 AI 더빙 기술도 한 단계 더 발전할 수 있을 것입니다.

▲ 로그인 후 프로젝트 작업 화면

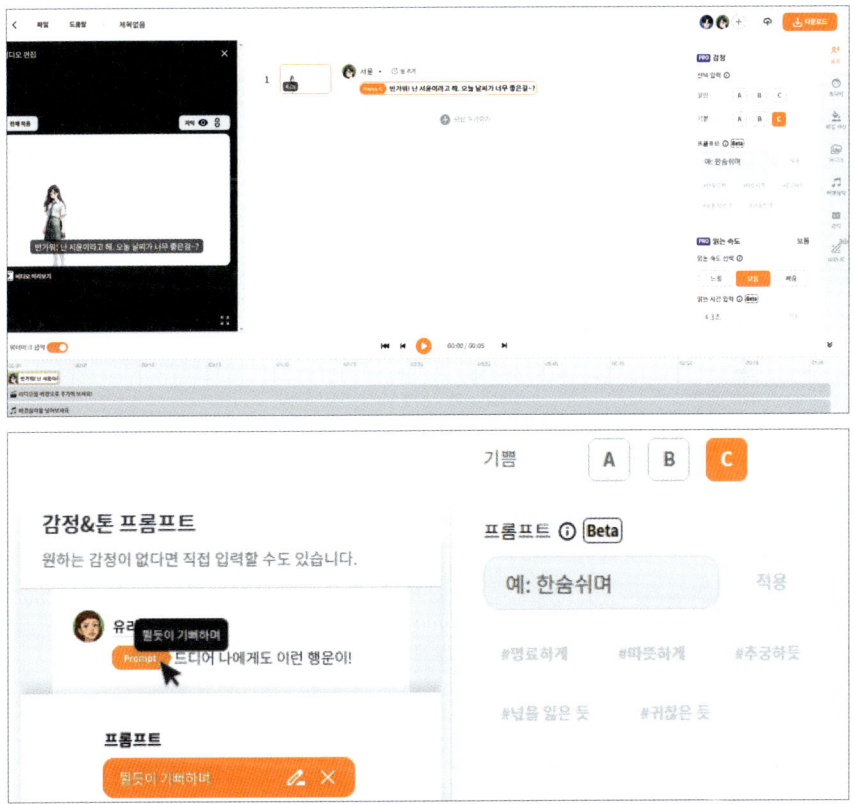

▲ Typecast의 작업 화면과 음성 감정 선택 기능

ElevenLabs AI 더빙

ElevenLabs(일레븐랩스)는 2022년 말에 정식으로 출시된 음성 AI 서비스입니다. 독특한 특징은 약 1분 분량의 음성 데이터를 학습시켜 원하는 대사를 생성할 수 있다는 점입니다. 자신의 목소리는 물론 타인의 목소리도 학습이 가능하며, 한 번 학습된 음성 데이터를 바탕으로 입력한 대사를 해당 목소리로 더빙할 수 있습니다. 이 서비스를 이용하려면 유료 플랜에 가입해야 합니다.

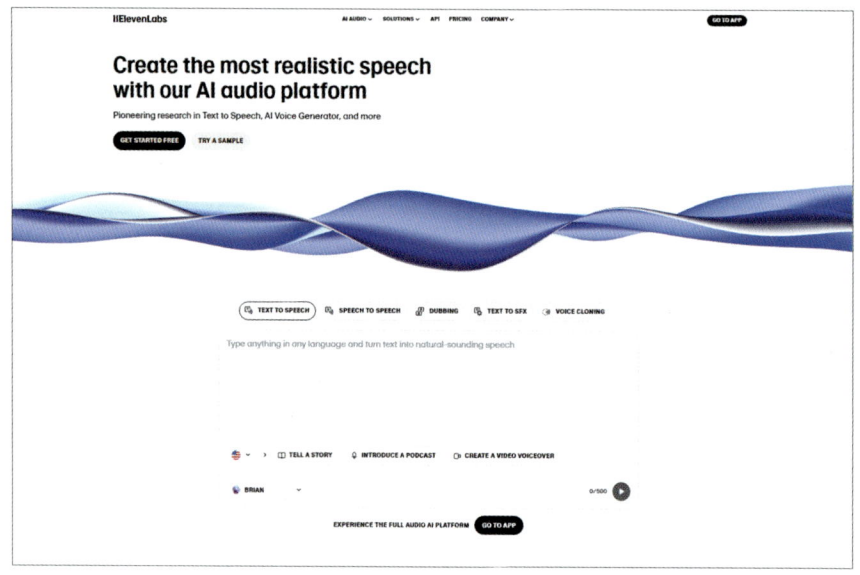

▲ ElevenLabs AI 홈페이지 첫 화면(elevenlabs.io)
하단의 테스트용 프롬프트 입력창을 통해 기본 기능을 체험해볼 수 있다

로그인 후에는 왼쪽 상단의 [Text to speech] 메뉴를 클릭해 텍스트를 음성으로 변환할 수 있습니다. 개인의 고유한 목소리를 학습시키고자 할 경우, 왼쪽 메뉴에서 [Voices]를 클릭한 후 오른쪽 상단에 있는 [Add a new voice]를 클릭하면 됩니다.

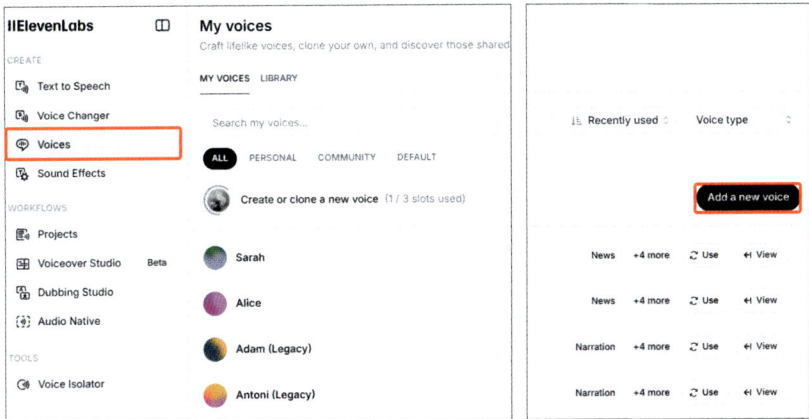

▲ ElevenLabs 프로젝트 작업 화면
오른쪽 상단의 [Add a new voice]를 클릭해 나만의 목소리를 학습, 생성할 수 있다

[Type of voice to create] 창이 나타나면 [Instant Voice Cloning] 옵션을 선택한 후, 1분에서 2분 정도 길이의 음성 파일을 업로드하면 됩니다. 이때 반드시 자신의 목소리가 담긴 음성 파일을 업로드하는 것이 원칙입니다.

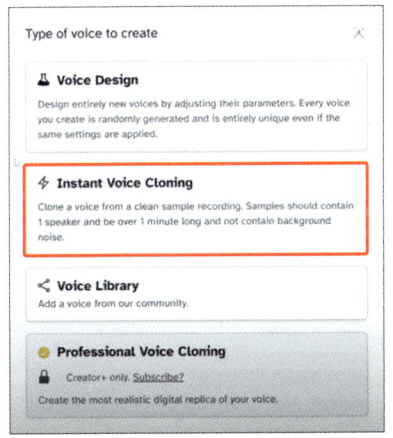

▲ [Instant Voice Cloning]을 클릭해 나만의 목소리를 생성할 수 있다
고급 생성 기능을 활용하려면 유료 플랜 중 [Creator] 이상 구독이 필요하다

TIP 타인의 목소리를 동의 없이 업로드해 학습시킬 경우 관련 법에 의해 처벌받을 수 있으니 주의합시다.

AI 기술을 활용한 음성 합성과 대화 생성 기술은 가상 배우 제작은 물론, 영화 산업 전반에 혁신적인 변화를 일으키고 있습니다. AI로 자연스러운 음성을 생성할 수 있을 뿐만 아니라, 캐릭터의 특성과 상황에 적합한 대사를 자동으로 생성할 수 있습니다. 이러한 기술은 영화 제작 과정의 효율성을 높이고 창의적인 표현의 새로운 가능성을 제시하면서, 영화 제작의 필수적인 도구로 자리매김하고 있습니다.

Runway 립싱크 기능 사용하기

Runway에서 립싱크 기능을 직접 사용해보겠습니다. 먼저 Runway를 실행하고 립싱크 기능을 선택합니다. 그다음 준비된 오디오 파일을 업로드합니다. 지원하는 파일 형식은 mp3나 wav 등 일반적인 음성 파일이며, 몇 초짜리 짧은 음성부터 몇 분짜리 긴 파일까지 다양하게 활용할 수 있습니다.

앞서 살펴본 AI 음성 서비스로 대사나 내레이션 오디오 파일을 만들었다면, Runway의 영상 생성 화면에서 [Lip Sync]를 클릭해 파일을 업로드합니다. 업로드

▲ 생성된 영상의 왼쪽 하단 [Actions]-[Lip Sync]를 클릭해 오디오 파일을 업로드한다

가 완료되면 오디오에 맞춰 립싱크가 자동으로 적용되며, 이 과정은 실시간으로 진행됩니다. 또한 미리 보기를 통해 캐릭터의 입 모양 변화를 즉시 확인할 수 있습니다. 립싱크는 음성에 자동으로 맞춰지므로 별도의 조정 없이도 자연스러운 결과물을 얻을 수 있습니다.

오디오 파일을 직접 업로드를 하지 않고 Runway에서 자체 제공하는 가상 성우 목소리를 사용할 수도 있습니다. 다만, 이 기능은 영어에 최적화되어 있어 한국어 발음 시 자연스럽지 않다는 점을 고려해야 합니다.

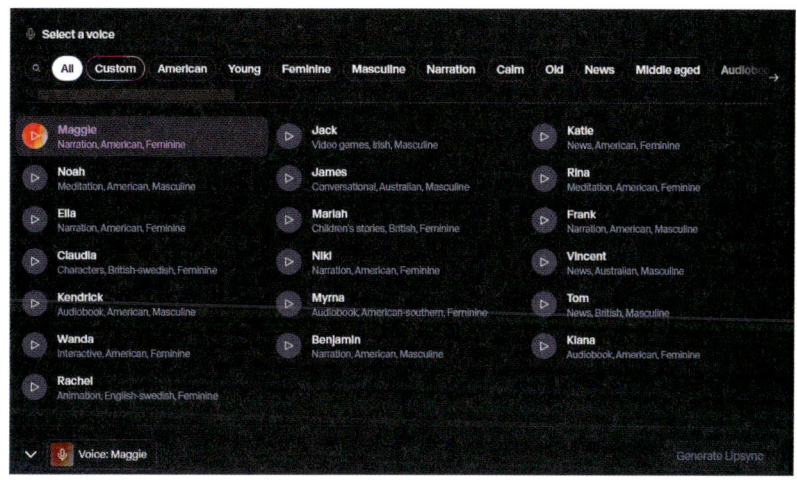

▲ Runway에서 자체 제공하는 가상 성우 목소리

일부 영상의 경우 'The lighting changes too much in this content.'와 같은 오류 메시지가 나타나며 작업이 실패할 수도 있습니다. 이는 Runway에서 영상 립싱크에 필요한 데이터를 정확하게 분석하기 어려운 경우입니다. 따라서 동일한 프롬프트로 정면을 바라보는 장면, 장소나 빛 변화가 크지 않은 장면을 다시 생성해 작업하는 것이 좋습니다. 다행히 작업에 실패할 경우 소진된 크레딧은 환불되므로 여러 번 시도해볼 수 있습니다.

LESSON 03

Runway의 다양한 고급 기능

Runway는 기본적인 영상 제작과 생성 기능 외에도 전문가를 위한 다양한 고급 기능을 제공합니다. 여기서는 복잡하고 정교한 작업을 보다 쉽게 수행할 수 있도록 돕는 3D Capture, Inpainting, Super-Slow Motion 기능을 살펴보겠습니다.

평면을 입체로 바꾸는 3D Capture 기능

▲ 평면 이미지에서 입체 오브젝트를 추출하는 3D Capture 기능

3D 기술은 이제 영상 제작에서 빠질 수 없는 핵심 도구로 자리 잡았습니다. 특히 3D 캡처(3D Capture)는 실존하는 물체나 공간을 가상 세계의 3D 모델로 변환하는 기술입니다. 전통적인 3D 모델링은 복잡하고 시간이 많이 소요되는 작업이었지만, 3D 캡처 기술을 활용하면 작업 과정을 크게 간소화할 수 있습니다.

3D 캡처의 핵심 기술인 포토그래메트리(Photogrammetry)는 여러 각도에서 촬영한 2D 이미지를 분석해 3D 구조를 만듭니다. 수학 알고리즘으로 이미지들을 비교 분석하고, 각 점의 깊이와 위치를 계산해 정교한 3D 모델로 재구성합니다. 이 과정에서 물체의 형태와 질감까지 정밀하게 반영됩니다.

Runway의 3D 캡처 기능은 이러한 복잡한 과정을 자동화하여, 사용자가 여러 각도에서 촬영한 사진을 업로드하면 AI가 자동으로 분석을 수행합니다. 생성된 3D 모델은 별도의 후처리 작업 없이도 영화나 게임 등 다양한 콘텐츠 제작에 바로 활용할 수 있을 만큼 높은 품질을 제공합니다.

이 기능은 영화, 게임, 가상현실(VR) 콘텐츠 제작에 폭넓게 활용됩니다. 영화에서는 배우나 물체를 3D로 캡처해 컴퓨터 그래픽 작업에 활용할 수 있습니다. 특히 실제 촬영하기 어려운 위험한 장면이나 복잡한 특수 효과가 필요한 장면을 안전하고 효과적으로 구현할 수 있습니다.

게임 개발에서는 실제 환경이나 캐릭터를 정밀하게 스캔해 더욱 현실감 있는 게임 세계를 구현합니다. 실제 장소를 3D로 캡처해 게임 배경으로 활용하거나, 실존 인물을 스캔해 게임 캐릭터로 만들 수도 있습니다. 이를 활용하면 게임의 시각적 품질을 높이는 동시에 개발 기간도 크게 단축할 수 있습니다.

손상된 부분을 매끄럽게 복원하는 Inpainting 기능

인페인팅(Inpainting)은 영상이나 이미지에서 손상되거나 불필요한 부분을 자동으로 채우고 복원하는 기술입니다. Runway는 AI 기반 자동화된 복원 기술을 적용해 거의 완벽한 수준으로 복구할 수 있습니다.

이 기능의 핵심은 콘텍스트 인식(Context-Aware) 기술입니다. 주변 픽셀을 분석해 제거된 부분에 어울리는 자연스러운 패턴이나 색상을 생성합니다. 전통적인 수작업 방식과 달리 AI를 활용해 빠르고 정확한 복원이 가능합니다.

예를 들어, 이미지에서 사람이 가린 배경을 복원할 때, AI의 딥러닝 알고리즘이 주변 배경을 분석해 텍스처, 색상, 명암을 정확하게 반영한 패턴으로 빈 공간을 채웁니다.

인페인팅은 오래된 영화나 역사적 영상을 복원할 때 특히 유용합니다. 시간이 지나 손상된 필름을 복원할 수 있으며, 영상 제작 과정에서 불필요한 객체나 인물을 제거하고 자연스럽게 배경을 채울 수 있습니다. 또한 가족 사진에서 특정 인물을 제거하는 등 디지털 아트나 사진 편집 작업에도 간편하게 활용할 수 있습니다.

▲ Inpainting 기능으로 원하지 않는 부분을 지우고 다른 장면으로 채우는 모습

시간의 흐름을 느리게, 더 깊게 표현하는 Super-Slow Motion 기능

슈퍼 슬로우 모션(Super-Slow Motion)은 빠르게 지나가는 순간을 세밀하게 보여주는 기술입니다. 스포츠 중계, 자연 다큐멘터리, 액션 영화 등에서 눈에 보이지 않는 순간을 강조할 때 효과적입니다.

이 기능의 핵심은 프레임 채우기(Frame Interpolation) 기술입니다. 일반적인 초당 24~60프레임 영상보다 더 많은 프레임을 생성해 영상이 느리게 재생될 때도 부드럽게 이어지도록 합니다.

Runway는 딥러닝을 활용해 프레임 사이의 빈 공간을 자동으로 채워 자연스러운 슬로우 모션 효과를 구현합니다. AI가 영상 속 움직임을 분석해 중간 프레임을 생성하므로, 고가의 고속 카메라 없이도 누구나 쉽게 슬로우 모션을 연출할 수 있습니다.

이 기능은 다양한 분야에 활용할 수 있습니다. 축구 선수의 슈팅이나 복싱 선수의 펀치와 같은 액션 장면에서는 순간의 강렬함과 섬세한 움직임을 포착할 수 있습니다. 또한 자연 다큐멘터리에서는 벌이 꽃에 앉는 순간이나 독수리의 사냥 장면을 세밀하게 보여줄 수 있습니다.

▲ 속도를 조절할 수 있는 Super-Slow Motion 기능

Runway는 창작자를 위한 다양한 고급 기능을 제공해 복잡했던 영상 제작 과정을 한결 수월하게 만듭니다. 3D 캡처(3D Capture), 인페인팅(Inpainting), 슈퍼 슬로우 모션(Super-Slow Motion) 등의 기능은 각자의 특성을 살려 영상 품질을 높이고, 제작 시간을 단축시킵니다.

이러한 도구들은 전문가뿐만 아니라 영상 제작을 처음 시작하는 창작자도 쉽게 활용할 수 있습니다. 기존에는 고가의 장비와 전문 기술이 필요했던 작업을 AI 기술로 단순화하여, 누구나 창의적인 아이디어를 자유롭게 구현할 수 있습니다.

AI 기술의 발전과 함께 Runway의 기능은 더욱 진화할 것입니다. 앞으로 더 많은 창작자에게 새로운 가능성이 열리고, 영상 제작의 기준이 새롭게 정립될 것입니다.

LESSON 04

Runway를 활용한 영상 제작 사례

과거에는 영상 제작에 고도의 전문 지식과 고가 장비가 필수였습니다. 하지만 Runway AI Tool의 등장으로 이러한 진입 장벽이 크게 낮아졌습니다. 복잡하고 시간이 오래 걸리던 작업이 이제는 몇 번의 클릭만으로 해결되면서, 더 많은 사람들이 손쉽게 자신만의 영상을 만들 수 있게 되었습니다. 이번 장에서는 Runway로 제작한 다양한 영상 사례를 살펴보며, 이 도구가 가져온 혁신적인 변화를 알아보겠습니다.

광고, SNS 인플루언서 영상

광고 영상 제작은 창의성과 정교함이 요구되는 작업입니다. 기업은 제품이나 서비스를 짧은 시간에 매력적으로 전달해야 하며, 이를 위해 촬영부터 편집, 후반 작업까지 복잡한 과정을 거쳐야 합니다. 하지만 Runway를 활용하면 이러한 과정을 훨씬 간편하게 처리할 수 있습니다.

한 유명 코스메틱 브랜드 사례를 살펴보겠습니다. 이 브랜드는 신제품 홍보를 위해 Runway의 텍스트-이미지 변환 기능으로 필요한 제품 이미지와 배경을 생성했습니다. 전통적인 방식이라면 전문 제작 팀을 구성하고 촬영과 후반 작업까지 몇 주가 걸릴 작업이었지만, Runway의 영상 편집 도구로 짧은 시간에 고품질의 홍보 영상을 완성할 수 있었습니다.

특히 배경 제거 기능으로 제품 사진의 복잡한 배경을 깔끔하고 세련된 이미지로 교체할 수 있었으며, 슈퍼 슬로우 모션 기능으로 립스틱을 바르는 순간을 극적으로 연출하여 몰입도를 높였습니다. 이 모든 과정이 하루 만에 끝나 예산과 시간을 크게 절약하면서도 효과적인 마케팅 성과를 거둘 수 있었습니다.

▲ 화장품 기업 신제품 홍보 목적으로 기획한 AI 영상의 한 장면

▲ '홀로 사는 1인 가구의 안전하고 건강한 삶'을 주제로 기획한 AI 제작 홍보 영상의 한 장면

▲ '학생 안전'을 주제로 기획한 AI 제작 홍보 영상의 한 장면

또 다른 사례로 인플루언서 마케팅을 살펴보겠습니다. SNS 인플루언서는 팔로워들과 효과적으로 소통하기 위해 짧고 감각적인 영상을 활용합니다. 한 패션 인플루언서는 새로운 의상 컬렉션 홍보에 Runway의 텍스트-비디오 변환 기능을 활용했습니다. 간단한 설명만으로도 세련된 배경의 역동적인 패션 영상을 손쉽게 제작할 수 있었습니다.

특히 Runway의 립싱크 기능으로 인플루언서의 목소리와 영상의 입 모양을 정확하게 맞춰 팔로워들에게 더욱 몰입감 있는 영상을 선사했습니다. 복잡한 편집 기술 없이도 효과적으로 소통할 수 있었으며, 콘텐츠 제작 시간도 대폭 단축할 수 있었습니다.

뮤직 비디오, 음악 영상

음악 영상, 특히 뮤직 비디오는 창의적인 연출이 중요한 분야입니다. 전통적인 방식으로 제작하려면 촬영팀, 세트 디자인, 그래픽 작업 등이 필수지만, Runway를 활용하면 예산과 시간을 절감하면서도 감각적인 결과물을 만들 수 있습니다.

한 인디 뮤지션의 사례를 살펴보겠습니다. 예산이 부족했던 이 뮤지션은 텍스트-이미지 변환 기능으로 다양한 시각적 요소를 생성했습니다. '푸른 밤하늘 아래에서 혼자 걷는 장면'이라는 텍스트 입력만으로 분위기 있는 배경을 만들었고, 인페인팅 기능으로 기존 영상에서 불필요한 부분을 자연스럽게 다른 배경으로 대체했습니다.

AI 도구 덕분에 예산 제약으로 촬영이 어려웠던 장면까지 상상력을 더해 구현할 수 있었으며, 결과물은 소셜 미디어에서 높은 조회수를 기록하며 화제를 모았습니다.

또 다른 사례로 한 유명 가수는 뮤직 비디오에서 슈퍼 슬로우 모션 기능을 활용했습니다. 강렬한 드럼 비트가 반복되는 구간에서 드럼 스틱이 드럼을 치는 순간을 느리게 재생해 더욱 인상적인 장면을 연출했습니다.

이전에는 고속 카메라 촬영과 복잡한 후반 작업을 거쳐야 했지만, Runway의 AI 프레임 채우기 기술로 자연스럽고 부드러운 슬로우 모션을 손쉽게 구현할 수 있었습니다. 덕분에 제작 시간과 비용도 크게 절감할 수 있었습니다.

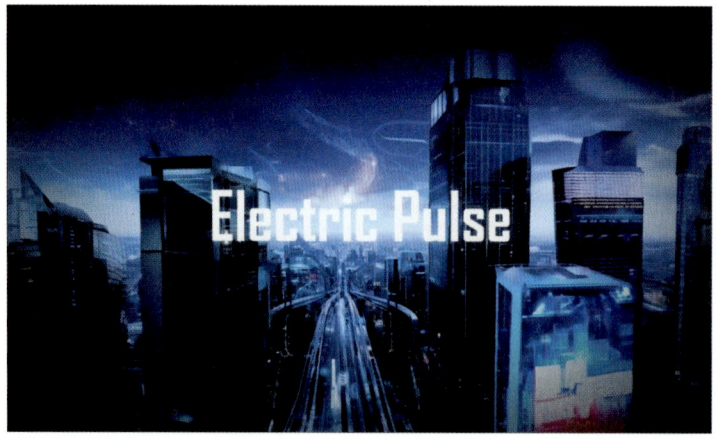

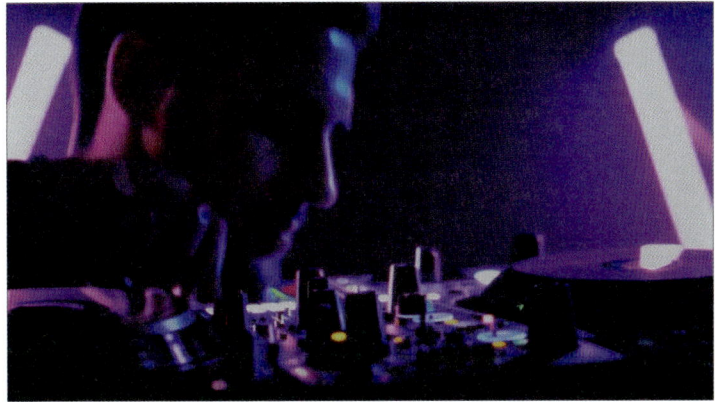

▲ AI로 음악을 만들고 직접 제작한 뮤직 비디오 장면 예시

교육, 정보 전달 영상

교육 영상은 시청자가 내용을 쉽게 이해할 수 있도록 시각적으로 명확하게 표현해야 합니다. 특히 복잡한 개념을 설명할 때는 시각 자료가 중요한 역할을 합니다. Runway는 이러한 교육 영상 제작에도 유용하게 활용할 수 있습니다.

한 과학 강사의 사례를 살펴보겠습니다. 이 강사는 '빛의 굴절과 반사'라는 복잡한 물리 개념을 설명하는 데 생성형 AI를 활용했습니다. '빛이 거울에 반사되는 모습'

이라는 텍스트 입력만으로 필요한 애니메이션을 만들어낼 수 있었습니다.

또한 3D 캡처 기능으로 실험 장비나 물체를 3D 모델로 변환해 입체적이고 현실감 있는 교육 영상을 제작했습니다. 덕분에 학생들이 복잡한 물리 현상을 이해하는 데 큰 도움이 되었으며, 기존 텍스트 기반 설명보다 훨씬 흥미롭고 직관적으로 내용을 전달할 수 있었습니다.

이처럼 AI 도구는 교육 콘텐츠를 더욱 창의적이고 몰입감 있게 만들어 학생들에게 효과적인 학습 경험을 제공합니다. 특히 어려운 개념을 시각적으로 쉽게 풀어내는 데 큰 도움이 됩니다.

▲ 세계 요리, 종교, 문화에 관해 제작한 정보 전달 영상 장면 예시

전문적인 표현이 필요한 독립 영화 제작

영화 제작은 창의성과 기술이 모두 요구되는 분야입니다. 특히 시각 효과나 컴퓨터 그래픽 작업에는 많은 시간과 예산이 필요합니다. 하지만 Runway를 활용하면 효율적으로 이러한 작업을 처리할뿐더러 영화 제작자의 창의적인 비전을 실현하는 데도 큰 도움이 됩니다.

한 독립 영화 감독의 사례를 살펴보겠습니다. 공상과학 영화에 등장하는 대규모 가상 도시를 전통적인 CGI 기술로 제작하면 막대한 비용이 들어갈 상황이었습니다. 하지만 Runway를 활용하면서 3D 캡처 기능으로 여러 각도의 이미지를 촬영해 사실적인 가상 도시를 효과적으로 만들어낼 수 있었습니다.

▲ Runway Gen-2로 제작한 독립 영화, 〈솜의 진혼곡(Somme Requiem)〉[6]
제작사 마일스, 출처 : 유튜브 채널 MYLES〉

---

6 〈Somme Requiem〉, MYLES, 출처 : https://youtu.be/JE9UO9_Li7M?si=QYLUDpM-8v_UbeA2

상업 영화 제작에서도 Runway는 시간과 비용 절감에 크게 기여하고 있습니다. 한 유명 감독은 대규모 전투 장면 촬영에서 배경 제거 기능을 활용했습니다. 그린스크린 없이도 배우의 동작에 맞춰 배경을 자동으로 추가할 수 있었고, 특히 고난도의 액션 장면에서 후반 작업 시간을 크게 단축할 수 있었습니다.

다음 이미지는 저자가 직접 기획하고 제작한 영상과 UAF(Ultimate AI Film conference)에 출품되어 CGV 영화관에서 상영된 작품을 포함한 제작 영상들입니다.

현대의 AI 로봇이

바로 셀프 컨트롤 로봇의 탄생

본부 대기조! 우선 출동하라!

지금까지 살펴본 사례들을 보면 Runway가 창작의 벽을 허문 덕분에, 더 많은 사람들이 창의적인 영상을 쉽게 제작할 수 있게 되었음을 알 수 있습니다. Runway는 광고, 음악, 교육, 영화 등 다양한 분야에서 복잡한 작업을 단순화하고 제작 효율성을 극대화하는 도구로 자리 잡고 있습니다. 앞으로도 이 도구는 더 많은 창작자들에게 새로운 기회를 제공하며, 영상 제작의 미래를 이끌어 나갈 것입니다.

CHAPTER 02

Runway로
영상 만들기
어렵지 않다!

LESSON 01

본격적으로 Runway를 시작해보자

Runway 가입부터 시작하자

이번에는 Runway를 처음 사용해보거나 아직 프롬프트에 익숙하지 않은 분들을 위해 프롬프트 설정 방법을 알아보고, 이어서 다양한 AI 도구를 같이 활용하여 영상을 만드는 방법에 대해 살펴보겠습니다.

먼저 Runway 공식 웹사이트(runwayml.com)에서 계정을 생성합니다. 구글이나 애플 계정을 연동해 빠르게 가입할 수 있습니다. Runway는 클라우드 기반이므로 별도의 소프트웨어 설치 없이 웹 브라우저에서 바로 사용할 수 있습니다.

웹 브라우저 서비스이기 때문에 특별히 고성능 컴퓨터가 필요하지는 않습니다. 다만, 영상 생성과 편집 작업에는 고용량 데이터 처리가 필요하므로 빠른 인터넷 연결이 필수입니다. 또한 원활한 작업을 위해 8GB 이상의 메모리와 최신 버전의 웹 브라우저 사용을 권장합니다.

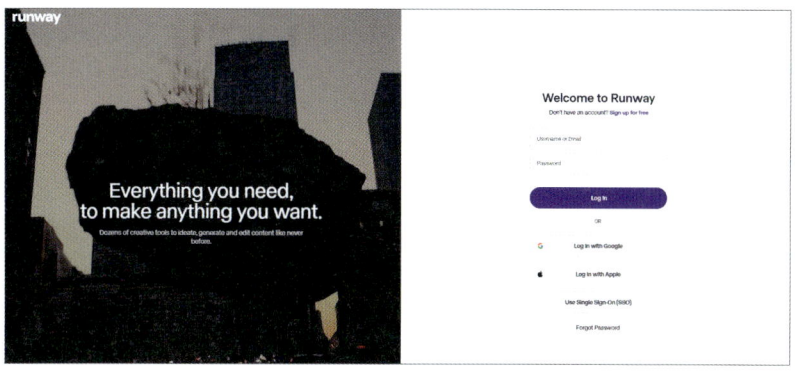

▲ Runway의 로그인 화면, 구글이나 애플 계정으로 간단히 가입할 수 있다

Runway 프로젝트 시작하기

계정 생성 후 첫 단계는 프로젝트를 시작하는 것입니다. 대시보드(Dashboard)에서 새로운 프로젝트를 생성하거나 이전 작업을 불러올 수 있습니다. 작업 화면 왼쪽에 있는 메뉴 중 [TOOLS]에는 영상 생성, 사진 생성 등 다양한 기능이 배치되어 있으며, [ASSETS]에는 기존에 생성한 사진과 영상을 확인하거나 작업에 필요한 사진과 영상을 업로드하는 기능이 있습니다.

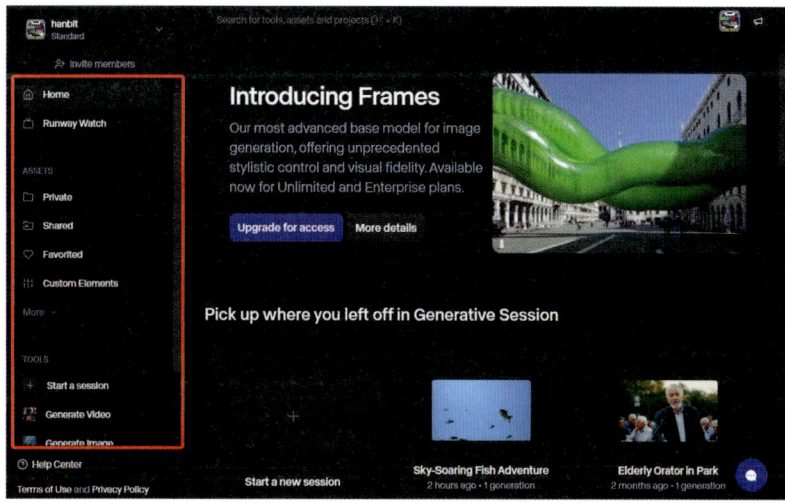

▲ 계정 생성 후 로그인한 대시보드 화면, 왼쪽에 다양한 도구가 있다

왼쪽 메뉴의 [All Tools]를 클릭하면 Runway에서 제공하는 다양한 영상 생성, 편집 도구를 한눈에 확인할 수 있습니다. 이 중에서 여러분이 필요한 작업을 선택하여 실행하면 됩니다.

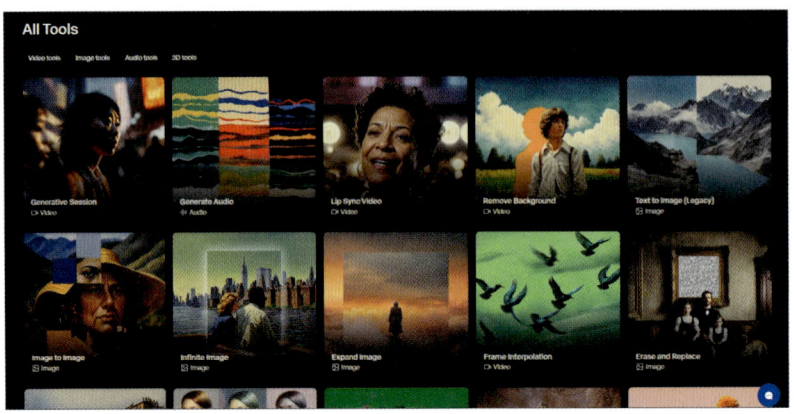

▲ Runway의 다양한 작업 도구들, 주요 기능을 이미지 형태로 확인할 수 있다

작업 흐름은 직관적으로 설계되어 있어, 텍스트 프롬프트 입력부터 자동 생성된 영상 편집까지 단계별로 이어집니다. 모든 작업을 완료한 후 프리뷰(Preview) 기능으로 결과를 확인할 수 있으며, 필요하다면 프롬프트를 수정해 영상을 다시 생성할 수도 있습니다. 단, 결과물이 만족스럽지 않아도 크레딧이 차감되므로 최초 프롬프트를 입력할 때 신중해야 합니다.

Runway에 프롬프트 입력해보기

첫 프로젝트는 [Generate Video]에서 프롬프트 입력으로 간단하게 시작해보겠습니다. 생성형 AI의 핵심 기능을 활용하여 텍스트 입력만으로 원하는 영상을 빠르게 만들 수 있습니다. 다만, 텍스트만으로 정확하게 지시해야 하므로 프롬프트 작성법에 대한 이해는 필수입니다.

TIP Runway에서 프롬프트를 입력해 영상을 생성하는 기초 실습은 20쪽을 참고합니다.

그렇다면 프롬프트 입력 방법에 대해 알아보겠습니다. Trees swaying in the wind under a blue sky(푸른 하늘 아래서 바람에 흔들리는 나무)라는 프롬프트를 입력하면, AI가 즉시 해당 문장을 분석해 영상을 생성합니다. 복잡한 설정이나 편집 기술 없이도 텍스트 명령만으로 영상을 만들 수 있습니다.

A person walking on the beach, at sunset, in the evening(저녁 노을이 질 때, 바닷가에서 걷고 있는 사람)처럼 구체적인 설명을 추가하면 시간대, 배경, 동작 등이 모두 반영된 영상이 생성됩니다. 결과물이 만족스럽지 않다면 폭풍우가 몰아치는 바다와 같이 프롬프트를 수정해 원하는 장면을 더 정교하게 만들 수 있습니다.

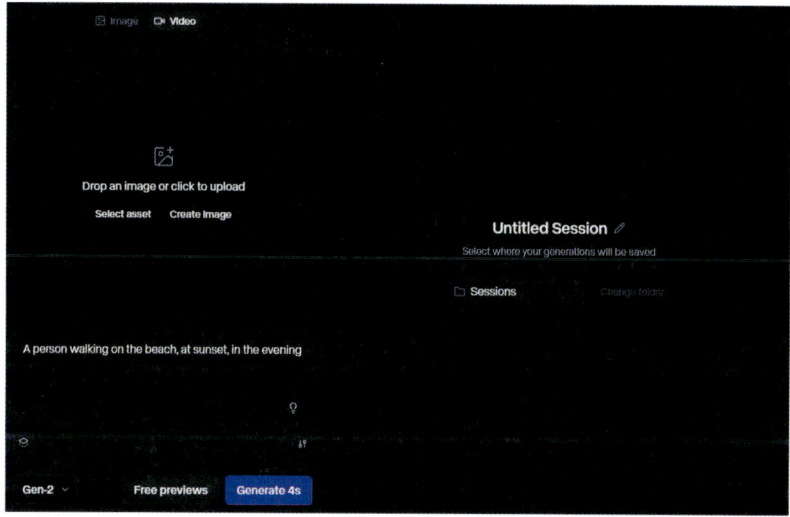

▲ [Generate Video]에서 프롬프트를 입력하고 [Generate]를 클릭하면 바로 영상을 생성할 수 있다
이 화면에서는 [Gen-2] 모델을 선택했다

TIP 텍스트 프롬프트는 기본적으로 영어로 입력해야 합니다. 이때 ChatGPT나 DeepL(deepl.com)과 같은 AI 번역 도구를 활용하면 보다 쉽게 프롬프트를 작성할 수 있습니다.

Runway의 버전의 차이점

Runway에서 Gen-2와 Gen-3 Alpha 버전은 프롬프트 입력 방식이 다릅니다.

Gen-2는 미리 보기, 스타일 지정, 이미지 참조 등의 옵션을 제공하며, 자유롭게 프롬프트를 작성할 수 있습니다. 영상을 생성하기 전 [Free previews]를 클릭하면 생성될 영상의 첫 화면을 이미지로 미리 확인할 수 있으며, 이미지를 선택하면 생성 스타일에 참조할 수 있습니다.

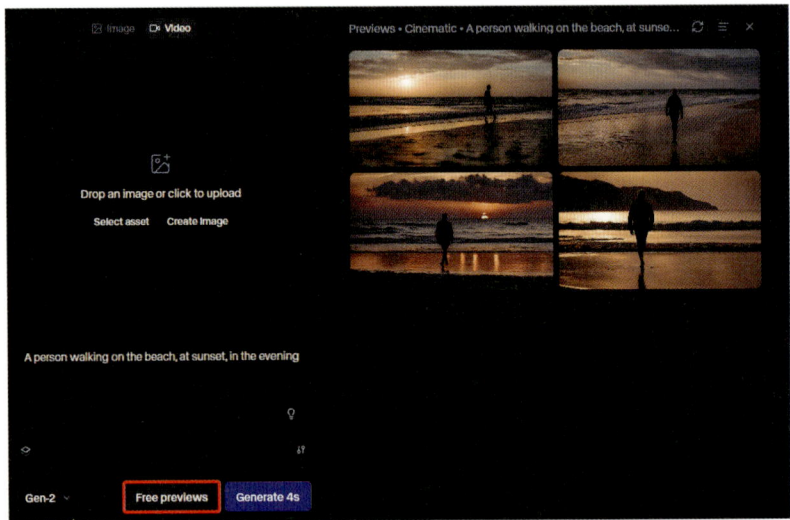

▲ 프롬프트 입력 후 [Free previews]를 클릭해 미리 보기한 화면 예시

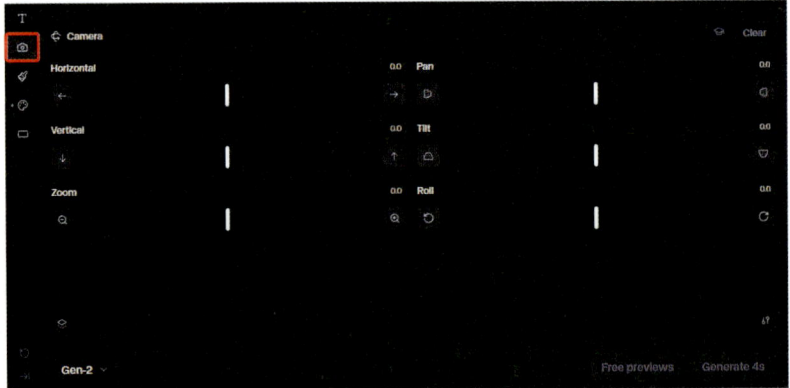

▲ 영상을 생성하기 전 [Camera Control]을 클릭하면 카메라 구도를 조정할 수 있다

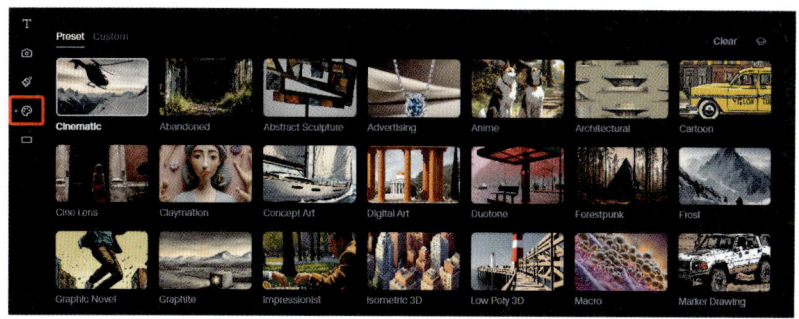

▲ [Style]을 클릭하면 영상의 스타일을 사전에 지정할 수 있다

반면 Gen-3 Alpha는 정해진 규칙에 따라 프롬프트를 작성해야 고화질의 뛰어난 영상을 얻을 수 있습니다. Gen-2에서는 세부 조정이 필요한 반면, Gen-3 Alpha 에서는 프롬프트만 잘 작성하면 추가 수정 없이도 원하는 결과물을 더 빠르게 얻을 수 있습니다. 표현할 수 있는 영상 연출의 폭도 더 넓어 프롬프트의 중요성이 한층 강화되었습니다.

2025년 4월에는 Runway Gen-4와 Gen-4 Turbo도 업데이트되었습니다. Gen-4는 이전 모델들보다 한층 발전된 영상 생성 기술을 제공하며, 복잡한 장면과 움직임을 더욱 자연스럽게 표현할 수 있습니다. 특히 프롬프트 인식 능력이 비약적으로 향상되어 사용자의 의도를 더 정확하게 파악하고, 그에 맞는 영상을 생성합니다. 프롬프트에 포함된 시간적 요소와 시퀀스 정보를 더 섬세하게 해석하여 복잡한 내러티브를 가진 영상도 손쉽게 제작할 수 있게 되었습니다.

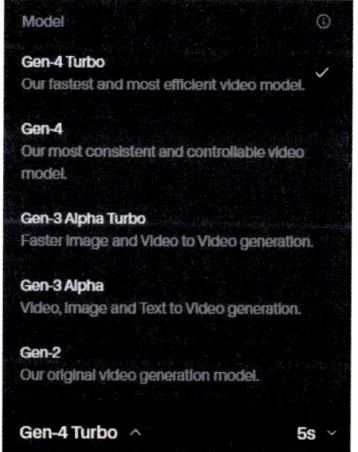

▲ 2025년 4월 업네이트뙨 Runway Gen-4와 Gen-4 Turbo 선택 화면

CHAPTER 02 Runway로 영상 만들기 어렵지 않다! **63**

Gen-4 Turbo는 처리 속도 또한 크게 개선되어 고해상도 영상을 이전보다 최대 3배 빠르게 렌더링할 수 있으며, 다중 객체 조작과 디테일한 질감 표현이 가능합니다. 또한 더 길고 복잡한 프롬프트를 처리할 수 있어, 크리에이터들은 원하는 영상의 미세한 요소까지 상세히 기술하여 창의적 비전을 더욱 정확하게 구현할 수 있습니다. 따라서 프롬프트 엔지니어링의 중요성이 더욱 부각되며, 잘 작성한 프롬프트만으로도 전문가 수준의 영상 제작이 가능해졌습니다.

▲ Runway Gen-4와 Gen-4 Turbo는 보다 복합적인 다중 객체 영상에서 더욱 강력한 성능을 발휘한다

다만 Gen-4와 Gen-4 Turbo는 혁신적인 성능 향상에도 불구하고, 기존 모델과는 다소 차별화된 프롬프트 구조를 요구합니다. 특히 시간적 요소와 장면 전환을 표현하는 방식이 변경되어, 이전 세대에서 효과적이었던 프롬프트 패턴이 새로운 모델에서는 다른 결과를 낼 수 있습니다. 따라서 크리에이터들은 Gen-4 시리즈에 최적화된 프롬프트 작성법을 익히고, 새로운 명령어 체계와 키워드 가중치 시스템을 이해하는 데 시간을 투자해야 합니다.[1]

Runway Gen-3 프롬프트 작성 원리

그럼 Gen-3 Alpha의 프롬프트 작성 방식을 살펴보겠습니다. 효과적인 영상 결과물을 얻으려면 프롬프트를 장면, 피사체, 카메라 움직임 세 가지 요소로 구분해 작성해야 합니다. Gen-3 Alpha를 사용하면서 이러한 구조화된 방식을 활용하면 일관된 결과물을 얻는 데 도움이 됩니다.

[카메라 움직임]: [장면 설정]. [추가 세부 정보]

이 구조를 따라 열대 우림에 서 있는 여성에 대한 프롬프트를 작성해보면 다음과 같습니다.

> Low angle static shot: The camera is angled up at a woman wearing all orange as she stands in a tropical rainforest with colorful flora. The dramatic sky is overcast and gray.(낮은 각도의 정지 촬영 : 카메라는 열대 우림에 서 있는 오렌지색 옷을 입은 여성을 향해 각도를 맞춥니다. 주변에는 다채로운 식물이 있으며, 하늘은 흐리고 회색으로 극적인 분위기를 자아냅니다.)

카메라 구도-샷 프롬프트

Gen-3 Alpha 프롬프트에 활용할 수 있는 카메라 구도-샷에 대해 알아보겠습니다. 별도로 설정할 필요 없이, Gen-3 Alpha 프롬프트 구조에서 [카메라 움직임] 부분에 해당 키워드를 입력하면 알맞게 연출된 영상이 생성됩니다. 다음은 Runway Gen-3에 적용할 수 있는 카메라 앵글 프롬프트 예시입니다.[2]

---

1 이번에 업데이트된 Runway Gen-4의 프롬프트 구조가 바뀌며 이에 대한 연구와 실험은 현재 진행형입니다. 업데이트된 Gen-4 프롬프트 가이드는 다음 주소에서 확인할 수 있습니다.
https://help.runwayml.com/hc/en-us/articles/39789879462419-Gen-4-Prompting-Guide

2 Gen-3 알파 프롬프트 가이드 공식 자료(Gen-3 Alpha Prompting Guide),
출처 : https://help.runwayml.com/hc/en-us/articles/30586818553107-Gen-3-Alpha-Prompting-Guide

▲ Low angle(좌) / High angle(우)

▲ Overhead(좌) / FPV(우)

▲ Hand held(좌) / Wide angle(우)

▲ Close up(좌) / Macro cinematography(우)

▲ Over the shoulder(좌) / Tracking(우)

▲ Establishing wide(좌) / 50mm lens(우)

▲ SnorriCam(좌) / Realistic documentary(우)

▲ Camcorder

CHAPTER 02 Runway로 영상 만들기 어렵지 않다! **67**

예시에서 보는 것처럼 카메라 구도-샷은 단순히 카메라의 이동이나 구도 외에도 다양한 스타일(사실적인 다큐멘터리, 캠코더, 50mm 렌즈)을 반영할 수 있습니다. 따라서 Gen-2보다 의도한 영상을 더욱 정확하게 연출할 수 있습니다.

다양한 조명 프롬프트

조명은 영상의 감정과 분위기를 결정하는 핵심 요소입니다. 단순히 피사체를 밝히는 것을 넘어 장면의 전체적인 분위기와 시각적 스타일을 형성하는 데 중요한 역할을 합니다. 영상 제작에서는 각자 고유한 효과를 내는 자연광과 인공 조명을 상황에 맞게 선택하고 설정하는 것이 필수입니다. 카메라 샷과 마찬가지로, 다음 키워드를 프롬프트에 입력하면 해당 조명 효과가 적용된 영상을 생성할 수 있습니다.

키 라이트(Key Light) : 피사체를 비추는 주된 조명으로, 얼굴이나 몸을 강조하여 장면의 중심 인물을 부각시킵니다. 피사체의 위치와 방향에 따라 각도를 조정해 적절한 그림자와 하이라이트를 만들어냅니다.

필 라이트(Fill Light) : 키 라이트가 만든 그림자를 완화하는 보조 조명입니다. 피사체의 어두운 부분을 밝혀 자연스럽고 부드러운 이미지를 만들며, 주로 약한 조명으로 키 라이트와 균형을 맞춥니다.

백 라이트(Back Light) : 피사체 뒤에서 비추는 조명으로, 피사체를 배경과 분리하는 효과를 줍니다. 윤곽을 강조해 장면에 깊이를 더하며, 피사체가 배경에서 떠오르는 듯한 느낌으로 입체감을 극대화할 수 있습니다.

톱 라이트(Top Light) : 피사체 위에서 내려오는 조명으로, 얼굴이나 물체 위쪽에 강한 하이라이트를 만들어 분위기 있는 장면이나 강렬한 감정을 표현합니다. 공포 영화나 스릴러 장면에서 특히 자주 볼 수 있습니다.

자연광(Natural Light) : 태양빛이나 창문을 통해 들어오는 빛을 활용하는 방식입니다. 부드럽고 자연스러운 효과를 제공해 드라마나 다큐멘터리 같은 사실적인 영상에서 자주 사용됩니다. 일몰, 일출, 구름 등의 변화에 따라 조명이 달라지므로, 자연광을 활용할 때는 타이밍이 매우 중요합니다.

이 외에도 Runway Gen-3에 적용할 수 있는 다양한 조명 프롬프트는 다음과 같습니다.[3]

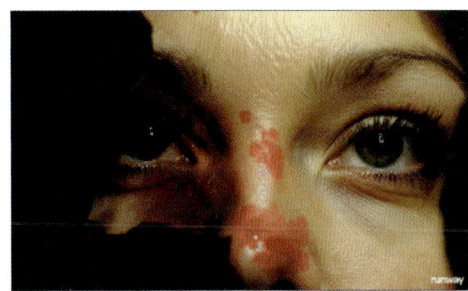 

▲ Diffused lighting(좌) / Silhouette(우)

▲ Lens flare(좌) / Back lit(우)

---

[3] Gen-3 알파 프롬프트 가이드 공식 자료(Gen-3 Alpha Prompting Guide).
출처: https://help.runwayml.com/hc/en-us/articles/30586818553107-Gen-3-Alpha-Prompting-Guide

▲ Side lit(좌) / [color] gel lighting(우)

TIP [color] 부분에 원하는 색상을 입력하면 해당 색상의 조명이 적용됩니다.

▲ Venetian lighting

카메라 샷과 조명은 영상의 시각적 완성도를 결정하는 핵심 요소입니다. 카메라 샷은 영상의 시각적 표현을, 조명은 장면의 분위기와 감정을 형성합니다. 영상이 좋은 반응을 얻으려면 시청자와 관객의 기대를 충족시켜야 하며, 그중 가장 중요한 것이 시각적 완성도입니다. 이는 Runway를 활용한 영상 제작에서도 마찬가지입니다. 장면에 맞는 적절한 카메라 샷과 조명 프롬프트를 구성함으로써 최고의 완성도를 이끌어낼 수 있습니다.

프롬프트 프리셋 활용하기

프롬프트 작성이 처음이라면 자신이 의도한 바를 텍스트로 표현하는 것은 생각보다 만만치 않습니다. 이때 Runway에서 제공하는 프롬프트 프리셋(Prompt Preset)을 활용할 수 있습니다. Runway 프롬프트 입력창 아래 [Examples ⊙]를 클릭하면 사용 가능한 다양한 프리셋이 나타납니다.

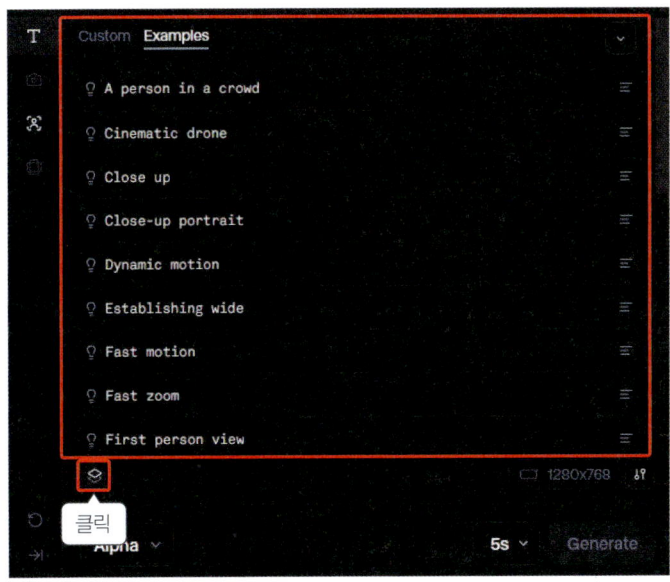

프리셋은 일종의 미리 설정된 템플릿으로, 이를 활용하면 각 장면을 개별적으로 설정하지 않아도 빠르게 영상을 제작할 수 있습니다. 영상의 전체적인 분위기나 색감, 스타일이 자동으로 적용되며 사용자는 필요한 부분만 입력하면 됩니다.

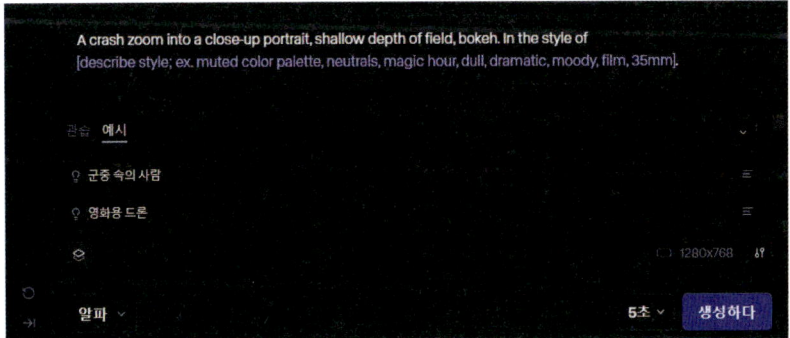

▲ 프롬프트 프리셋 기능을 적용한 후, 보라색으로 표시된 [ ] 부분만 원하는 내용으로 입력하면 된다

처음 영상을 제작하는 초보 사용자라면 프리셋을 선택하는 것도 좋은 출발점입니다. 자연 풍경, 도시 배경, 영화 같은 특정 장르에 맞춘 다양한 프리셋이 제공되며, 구도, 카메라 워크, 색감 등 다양한 프롬프트도 준비되어 있습니다.

예를 들어, SF 영화 스타일의 다이내믹한 연출을 원할 경우 관련 프리셋을 선택하면 장르 특유의 효과가 자동으로 적용됩니다. 이처럼 프리셋을 사용하면 더 빠르고 효율적으로 작업하면서도 영상의 품질을 높일 수 있습니다.

TIP 프롬프트 프리셋 내용이 이해되지 않는다면 크롬과 같은 웹 브라우저에서 지원하는 기본 번역 기능(마우스 오른쪽 버튼 클릭 후 선택)을 사용해 편리하게 확인할 수 있습니다.

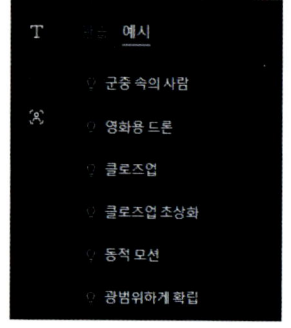

또한 자신만의 스타일에 맞는 맞춤형 프리셋을 만들 수도 있습니다. 자주 사용하는 특정 색상이나 영상 스타일이 있다면 이를 저장해 다음 프로젝트에서 바로 불러올 수 있습니다. 맞춤형 프리셋을 활용하면 매번 새롭게 설정할 필요 없이 기존 설정을 재사용할 수 있어 제작 시간이 크게 단축됩니다.

특히 프리셋은 여러 영상을 제작할 때 유용합니다. 예를 들어, 유튜버가 동일한 스타일의 영상을 반복 제작할 때, 맞춤형 프리셋으로 일관된 품질을 유지하면서도 제작 시간을 최소화할 수 있습니다.

LESSON 02

아이디어 구상 : 만들고 싶은 영상을 머릿속에 그려보자

생성형 AI(GPTs)와 대화하며 스토리를 만들어보자

영화나 영상 제작에서 가장 중요한 첫 단계는 아이디어 구상입니다. 스토리와 캐릭터, 장면 구성을 떠올리는 이 과정은 작품 제작의 기반이 됩니다. 전통적으로 창작자는 글쓰기나 노트 정리로 스토리를 만들었지만, 최근에는 생성형 AI를 활용해 더욱 빠르고 창의적으로 스토리를 구상할 수 있습니다.

GPTs는 ChatGPT의 유료 기능으로, 개인의 지식과 정보를 활용해 맞춤형 AI 서비스를 만들 수 있습니다. GPTs와 대화를 나누면서 아이디어를 발전시키고, 실시간으로 다양한 제안을 받아 이야기를 구체화할 수 있습니다.

GPTs로 스토리 구체화하기

이 책에서는 영상 제작과 스토리 구상에 특화된 GPTs인 'uhbee_genmovie'를 활용합니다. 이 도구는 창작자가 대화를 통해 스토리를 구상하고, 필요한 장면을 제안받으며, 시나리오 전체를 생성하는 데 도움을 주도록 필자가 직접 제작했습니다.

▲ 필자가 직접 제작해 GPTs 스토어에 등록한 'uhbee_genmovie'는 QR 코드를 스마트폰 카메라로 인식하거나 다음 주소로 접속할 수 있다
접속 주소: https://m.site.naver.com/1zk62

TIP GPTs는 ChatGPT 가입 후 무료 플랜으로도 사용할 수 있지만, 일정 횟수 이후 할당된 답변(토큰)이 소진되면 더 이상 응답을 받을 수 없습니다. 이런 경우 일정 시간이 지난 후 다시 사용하거나 유료 플랜으로 가입하여 제한 없이 이용할 수 있습니다.

GPTs를 활용하면 실시간 대화로 빠르고 직관적인 창작이 가능합니다. 사용자의 아이디어에 AI가 구체적인 제안을 더하며 이야기를 발전시킬 수 있습니다. 예를 들어, '중세 시대를 배경으로 모험을 떠나는 소녀의 이야기'라는 기본 설정에 GPTs가 '왕국을 구하기 위한 여정'이라는 스토리라인을 제안할 수 있습니다. 그러면 사용자가 '마법의 검을 찾는 과정'을 추가해 동료와 적들에 대한 세부 플롯을 구체화할 수 있습니다.

실제 판타지 영화 구상 사례를 보면, '고대 왕국의 비밀을 풀기 위한 모험'이라는 초기 아이디어에 GPTs가 주인공의 배경, 왕국의 역사, 갈등 요소 등을 제안합니다. '주인공이 마법의 동굴을 찾아가는 장면'이라는 요청에는 '신비한 생물의 등장'이나 '위험한 함정을 통과하는 과정' 등 구체적인 장면 요소를 제시합니다.

창작 과정에서 흔히 발생하는 아이디어 고갈이나 창작 막힘(Writer's block) 상황에서도 GPTs는 새로운 방향을 제시합니다. '다음 사건을 제안해줘', '캐릭터를 더 상세히 표현해줘'와 같은 요청에 다양한 가능성을 제시하며, 창작자가 여러 대안 시나리오 중에서 선택할 수 있도록 돕습니다.

GPTs와의 대화는 창작자의 상상력을 확장하는 데 큰 역할을 합니다. 기존에 생각하지 못했던 새로운 캐릭터나 사건을 추가할 수 있고, 다양한 배경과 스토리 아이디어를 바탕으로 새로운 장면을 떠올릴 수 있습니다.

'이 장면을 공포 영화 스타일로 바꿔줘'와 같이 특정 장르나 스타일에 맞춘 요청이 가능해 다양한 장르를 혼합한 독창적인 스토리를 만들 수도 있습니다. 또한 여러 번 수정과 검토가 필요했던 전통적인 방식과 달리, GPTs와 즉각적인 대화로 스토리를 훨씬 빠르게 구체화할 수 있습니다.

GPTs는 스토리보드 제작 단계에서도 유용합니다. '이 장면에서 카메라가 어떻게 움직이는지 설명해줘'라는 요청에 카메라 앵글, 장면 전환, 인물 배치 등을 구체적으로 제안하고, 각 장면의 배경 설정도 도와줍니다.

GPTs는 창작자와 협력하는 창의적 파트너입니다. Runway와 함께 활용하면 스토리 구상부터 영상 완성까지 모든 단계를 하나의 흐름으로 이어갈 수 있습니다. 이를 통해 작업의 효율성을 높이고 창작자는 더 창의적인 부분에 집중할 수 있습니다.

생성형 AI를 활용한 대화형 스토리 구상은 창작자에게 새로운 가능성을 열어주고 있습니다. AI와 협업하면 더 이상 혼자 고민하지 않고도 빠르고 효과적으로 스토리를 구상할 수 있어, 누구나 쉽게 영상 제작에 참여하고 AI 영상의 상업화에 동참할 수 있습니다.

생생한 등장인물 묘사와 캐릭터 개발

영화나 영상 제작에서 등장인물의 매력은 작품의 흥행을 좌우하는 중요한 요소입니다. 캐릭터는 단순한 이야기를 생동감 있게 만드는 핵심이며, 설정이 얼마나 설득력 있느냐에 따라 스토리의 힘이 결정됩니다. 이번에는 시청자와 감정적으로 연결되는 생동감 넘치는 캐릭터를 개발하는 방법과 GPTs 활용법을 함께 살펴보겠습니다.

캐릭터는 단순히 플롯을 따라가는 수동적 존재가 아니라, 자신의 행동과 결정으로 이야기를 이끌어가는 능동적 존재여야 합니다. 관객은 이러한 캐릭터와 감정적으로 연결되고, 그들의 여정에 몰입하게 됩니다. 예를 들어, 고전적인 영웅 이야기에서 주인공이 시련을 겪으며 성장하는 과정은 관객에게 깊은 몰입감을 주고, 캐릭터의 향후 행보에 대한 기대감을 불러일으킵니다.

캐릭터 설정의 핵심 요소

설득력 있는 캐릭터를 만들려면 배경, 성격, 동기, 갈등과 같은 핵심 요소를 명확하게 정의해야 합니다. 창작자는 각 등장인물이 이야기에서 어떤 역할을 수행하는지 분명히 해야 하며, 주인공, 악당, 조력자 등은 각자의 기능에 맞는 성격과 배경을 가져야 합니다.

예를 들어, 주인공은 이야기 시작점에서 불완전한 상태에 놓이며 목표를 달성하기 위해 성장하는 과정을 겪습니다. 반면 악당은 주인공의 성장을 방해하는 장애물 역할을 합니다. 이렇게 각 인물은 자신만의 동기와 욕망을 가지고 이야기를 이끌어갑니다.

GPTs를 활용하면 대화를 통해 캐릭터를 더욱 입체적으로 발전시킬 수 있습니다.

특히 프롬프트로 영상을 생성할 때는 캐릭터의 일관성이 중요합니다. 단순히 '30대 흰 셔츠를 입은 남성'이라고만 설정하면 장면마다 다른 인물이 등장할 수 있으므로, 성별, 국적, 머리 스타일, 액세서리, 이목구비, 옷 스타일, 신발, 가방 등을 세부적으로 묘사해야 일관된 캐릭터가 유지됩니다.

AI 영상 생성에서는 캐릭터의 시각적 표현이 특히 중요합니다. 외모, 복장, 말투, 몸짓 등은 캐릭터의 성격과 배경을 간접적으로 드러냅니다. GPTs에 '이 캐릭터의 외형을 설명해줘'라고 요청하면, '어두운 색의 긴 코트를 입고 무뚝뚝한 표정을 짓고 있지만, 손목의 오래된 팔찌가 그의 감정적 연결 고리를 보여준다'와 같은 세부적인 묘사를 얻을 수 있습니다.

캐릭터 세부 묘사 방법

GPTs를 활용한 캐릭터의 세부 묘사는 구체적인 질문과 요청으로 시작할 수 있습니다. 예를 들어, '이 캐릭터의 외모는 어떤 모습이어야 할까?'라는 질문에 GPTs는 '긴 검은 머리에 날카로운 눈빛을 가졌으며 평소에는 무뚝뚝한 표정을 짓고 있지만, 깊은 내면에는 따뜻한 마음을 지니고 있다'와 같이 구체적인 설명을 제공합니다.

만약 '20대 초반, 용감하지만 감정적으로 상처를 받은 여주인공'이라는 기본 설정으로 시작해 더 구체적인 묘사가 필요하다면, GPTs에 추가로 설명을 요청할 수 있습니다. 설명이 너무 길거나 부족할 경우에는 간단하고 명확한 묘사를 다시 요청하여 조정할 수 있습니다.

캐릭터의 성격과 행동 방식

GPTs를 활용하면 캐릭터의 성격도 자연스러운 대화를 통해 구체적으로 발전시킬 수 있습니다. '이 여주인공은 어린 시절 부모를 잃고, 그 상처로 인해 사람들과 관계를 맺는 데 어려움을 겪고 있어. 하지만 그녀는 아픔을 극복하기 위해 모험을 떠나며 자신을 찾는 여정을 시작하게 돼'와 같이 캐릭터의 배경과 성장 과정을 설정할 수 있습니다. 이러한 성격 부여는 시나리오에서 특정 장면을 연출할 때 중요한 역할을 합니다.

또한 말투나 행동 방식도 자연스러운 대화로 구체화할 수 있습니다. '이 캐릭터는 주로 어떻게 행동할까?'라는 질문에 GPTs는 '그녀는 말수가 적지만, 항상 주변을 관찰하며 중요한 순간에 결정적인 행동을 취해'와 같은 구체적인 묘사를 제공합니다.

이렇게 대화하는 방식으로 캐릭터의 디테일을 지속적으로 발전시킬 수 있습니다. 창작자는 GPTs와 대화를 통해 캐릭터의 성격, 과거, 미래의 목표를 자연스럽게 구체화하면서 더욱 적합한 설정을 찾아갈 수 있습니다.

캐릭터의 동기와 갈등

동기와 갈등은 캐릭터를 입체적으로 만드는 핵심 요소입니다. 동기는 캐릭터가 왜 행동하는지를, 갈등은 그 과정에서 발생하는 내적, 외적 문제를 보여줍니다. 주인공은 보통 스토리의 핵심 목표를 이루려고 행동하며, 이는 개인적이거나 사회적인 문제와 연결될 수 있습니다.

GPTs를 활용하면 캐릭터의 동기를 더 구체적이고 다양하게 탐구할 수 있습니다. '이 주인공의 동기를 좀 더 복잡하게 만들어줄 수 있을까?'라는 요청에 GPTs는 '그녀는 가족을 잃은 슬픔으로 복수를 꿈꾸지만, 동시에 사람들을 보호하고 싶은 마음이 있어. 이 두 감정 사이에서 갈등을 겪고 있어'와 같은 새로운 시나리오를 제안합니다.

갈등은 이야기에 긴장감을 더하고 캐릭터가 성장할 기회를 제공합니다. 예를 들어, 정의감과 복수심 사이에서 고민하는 주인공은 단순한 영웅이 아닌, 복잡한 내적 갈등을 지닌 입체적 인물이 됩니다. GPTs에 '주인공이 복수심 때문에 행동하는데, 어떤 외적 갈등이 있을까?'라고 질문하면, '동료들과 충돌하며 신뢰를 잃게 된다'와 같은 외적 갈등을 제안받을 수 있습니다.

캐릭터 아크(Character Arc)는 인물이 이야기 속에서 겪는 변화 과정을 의미합니다. GPTs는 이 과정을 구체화하는 데 도움을 줍니다. '처음에는 이기적이지만 나중에 변할 수 있는 상황'을 요청하면, '자기만을 위해 행동하던 주인공이 동료의 위험 앞에서 희생을 결심하게 된다'와 같은 제안을 받을 수 있습니다.

캐릭터의 강점과 약점

강점과 약점 역시 캐릭터를 입체적으로 만드는 필수 요소입니다. 완벽한 주인공보다는 약점을 극복하며 성장하는 캐릭터가 더 흥미롭고 공감을 얻을 수 있습니다. 예를 들어, 용감하지만 신뢰에 어려움을 겪는 주인공이 동료와 협력하며 성장하는 모습은 캐릭터에 깊이를 더합니다.

GPTs를 활용하면 이러한 특성을 구체화할 수 있습니다. '이 캐릭터의 강점과 약점을 알려줘'라는 요청에 '그는 매우 지혜롭고 상황을 빠르게 분석하지만, 과거의 실수로 인해 타인을 쉽게 믿지 못해'와 같은 구체적인 답변을 받을 수 있습니다.

캐릭터 간의 관계도 스토리 전개에 중요한 영향을 미칩니다. 만화 〈드래곤볼〉의 손오공과 베지터처럼 단순한 적대 관계를 넘어선 라이벌 구도나, 처음에는 믿지 못하지만 점차 신뢰를 쌓아 가는 동료 관계 등이 가능합니다. GPTs에 '주인공과 동료 사이의 복잡한 관계를 제시해줘'라고 요청해 캐릭터 관계의 발전 과정을 구체적으로 제안받을 수 있습니다.

캐릭터의 행동 묘사

행동 묘사는 캐릭터의 성격을 효과적으로 드러내는 방법입니다. 말하는 방식, 걷는 자세, 앉는 자세 등을 통해 자신감, 긴장감, 권위 같은 특성을 자연스럽게 표현할 수 있습니다. 예를 들어, 한 인물이 방에 들어올 때, 천천히 주변을 둘러보며 여유로운 태도로 자신감을 보이거나, 반대로 조심스럽게 움직이며 불안함을 드러낼 수 있습니다.

GPTs를 활용하면 캐릭터의 행동을 더욱 구체적으로 묘사할 수 있습니다. '이 인물이 회의실에 들어올 때의 행동을 묘사해줘'라는 요청에 GPTs는 '그는 천천히 문을 열고 방 안을 둘러본 뒤, 한쪽 구석에 조용히 앉아. 그가 내뿜는 긴장감은 방 안의 다른 사람들도 느낄 수 있어'와 같은 세부적인 설명을 제공합니다.

캐릭터 개발은 이야기에 생동감을 불어넣는 핵심 과정이며, 구체적인 등장인물 묘사와 설정은 이야기의 깊이와 현실감을 높입니다. 세밀한 성격 묘사, 강점과 약점, 동기와 갈등, 시각적 요소와 행동 묘사는 캐릭터를 입체적으로 만들어 관객과 감정적으로 연결되게 합니다. GPTs는 이 과정에서 새로운 아이디어와 영감을 제공하는 강력한 도구입니다.

캐릭터는 창작자가 만든 가상의 존재지만, 그들이 얼마나 현실적으로 느껴질지는 세부적인 설정에 달려 있습니다. GPTs는 이러한 설정을 더욱 풍부하게 만들어주는 창의적인 협력자로서, 창작자가 더 매력적인 캐릭터를 구축하도록 돕습니다.

덧붙여 조금 욕심을 내 보자면, 창작자가 자신만의 배우를 여러 명 데리고 있는 것처럼 평소 자주 사용할 수 있는 'AI 배우' 캐릭터를 미리 만들어두는 것도 좋다고 생각합니다. 이를 광고 영상이나 스틸컷 제작에 다양하게 활용하면, 창작자에게 마치 전속 배우가 있는 것과 같은 효과를 줄 수 있습니다.

영상 길이에 따른 컷과 씬의 구성

영상 제작에서 이야기를 나누고 전달하는 것은 매우 중요한 단계입니다. 영상의 길이는 스토리 전개와 시각적 리듬, 감정 전달에 직접적인 영향을 미칩니다. 컷(Cut)과 씬(Scene)은 영상의 기본 단위로, 이야기의 흐름을 끊거나 이어주며 관객에게 시각적, 감정적 리듬을 제공합니다.

컷과 씬의 차이 이해하기

먼저 컷과 씬의 차이를 명확하게 이해하는 것이 중요합니다. 컷은 카메라가 멈추지 않고 기록하는 단일 연속 장면을 의미하며, 씬은 특정한 시간, 장소, 상황을 담은 하나 이상의 컷이 모여 이루어진 이야기의 한 부분입니다.

예를 들어, 주인공이 방에 들어와 의자에 앉아 생각에 잠기는 장면을 상상해봅시다. 이 장면은 하나의 씬이지만, 방에 들어오는 컷과 의자에 앉는 컷, 주인공의 표정을 클로즈업하는 컷 등 여러 컷으로 나눌 수 있습니다. 이러한 컷들이 하나의 씬을 구성하며, 이야기의 감정적 흐름과 시각적 구성을 만들어냅니다.

컷과 씬의 구성 방법

영상 길이에 따라 컷과 씬을 구성하는 방식이 달라집니다. 짧은 영상에서는 주로 빠른 전개와 집약적인 표현이 필요합니다. 30초 광고에서는 효율적인 컷 사용이 핵심입니다. 시간 제약이 있기 때문에 짧은 시간 안에 최대한 많은 정보를 전달해야 하며, 감정을 효과적으로 끌어내야 합니다. 예를 들어, 광고 영상에서 주인공이 제품을 사용하고 그 결과를 보여주는 장면을 구성할 때, 제품 사용 진후를 짧은 컷으로 나눠 비교함으로써 메시지를 강렬하게 전달할 수 있습니다.

반면 긴 영상에서는 더 여유롭게 이야기를 풀어나가면서 관객에게 깊은 몰입감을 제공할 수 있습니다. 영화에서 주인공이 중요한 결정을 내리기 직전의 긴장감 넘치는 순간을 연출할 때는 긴 씬과 느린 컷 전환을 사용하여 긴장감을 극대화할 수 있습니다. 주인공의 얼굴을 클로즈업하고 주변 배경과 대비되는 그의 표정을 천천히 보여줌으로써 관객이 그 순간에 깊이 빠져들게 만들 수 있습니다.

GPTs는 스토리 구상뿐만 아니라 컷과 씬 구성에도 유용하게 활용할 수 있습니다. 창작자는 GPTs와 대화를 통해 각 장면에서 어떻게 컷을 나누고 씬을 구성할지에 대한 창의적인 아이디어를 얻을 수 있습니다. '주인공이 자동차를 몰고 도망치는 장면을 빠른 컷으로 구성하고 싶어'라고 요청하면, GPTs는 '차량의 속도를 강조하기 위해 빠르게 지나가는 주변 풍경을 여러 개의 컷으로 나누고, 주인공의 손이 핸들을 꽉 쥐는 장면을 클로즈업으로 짧게 보여줘'라고 제안할 수 있습니다.

컷과 씬의 전환은 이야기의 흐름을 유지하면서도 관객의 감정을 자연스럽게 이끌어내는 방식으로 구성해야 합니다. 예를 들어, 주인공이 문을 열고 나가는 장면에서 컷이 바뀌며 다른 장소로 이동할 때, 페이드 인, 페이드 아웃이나 디졸브 같은 전환 효과를 사용하면 장면이 자연스럽게 이어지며 관객의 몰입감을 유지할 수 있습니다.

결론적으로 컷과 씬의 구성은 단순히 장면을 나누는 작업이 아니라 이야기를 시각적으로 전달하고 관객의 감정적 몰입을 이끌어내는 중요한 과정입니다. 영상 길이에 따라 컷과 씬을 적절히 구성하고 리듬을 조절하는 것은 스토리텔링의 핵심 요소이며, GPTs는 창작자가 이 과정을 더욱 빠르고 창의적으로 진행할 수 있도록 돕는 유용한 도구입니다.

LESSON 03
AI가 아이디어를 영상으로 만들어내는 마법의 순간

Runway Gen-3 Alpha의 프롬프트 구조, 이것만 알면 된다

앞서 프롬프트 구조를 어느 정도 익혔다면 이제 실전 영상 제작에 적용해봅시다. 무엇보다 장면 설명과 함께 이를 극적으로 연출할 수 있는 카메라 움직임이 중요합니다. 결국 영상의 수준을 좌우하는 것은 카메라 움직임이기 때문입니다.

잠시 복습하는 차원에서 자신이 만들 영상 장면을 떠올려봅시다. Runway Gen-3 Alpha의 프롬프트 구조는 크게 세 가지 주요 요소로 나뉘며, 각각이 영상의 완성도와 품질을 결정하는 핵심으로 작용합니다. 이 세 가지는 **카메라 움직임, 장면 설정, 추가 세부 정보**입니다. 이러한 요소들은 영상 제작 시 창작자가 원하는 스타일과 감정을 효과적으로 전달하는 데 필수적인 역할을 합니다.

카메라 움직임

카메라 움직임은 영상 제작에서 시각적 감정을 전달하는 데 중요한 역할을 합니다. 영화와 같은 영상에서 카메라는 단순히 장면을 기록하는 도구가 아니라 관객의 시선을 유도하고 이야기를 전달하는 강력한 매개체입니다.

Runway Gen-3 Alpha에서는 카메라 움직임을 텍스트로 지시하면 AI가 이를 해석해 사용자가 원하는 감정적 톤과 시각적 흐름을 구현할 수 있습니다. 이를 통해 복잡한 카메라 워크를 직접 조작하지 않아도 원하는 시각적 효과를 간편하게 얻을 수 있습니다.

그렇다면 카메라 움직임의 주요 유형을 살펴봅시다. 앞서 살펴본 Runway에서 제공하는 카메라 구도-샷 키워드를 바탕으로 다양한 움직임과 그 역할을 확인해보겠습니다.

팬(Pan) : 카메라가 한 위치에 고정된 상태에서 좌우로 이동하는 움직임입니다. ==카메라가 왼쪽에서 오른쪽으로 천천히 팬을 하며 도시의 야경을 보여준다==라는 프롬프트는 카메라가 넓은 공간을 서서히 탐색하며 전체적인 배경을 시청자에게 전달하는 장면을 구현합니다. 이러한 움직임은 도시의 생동감과 배경의 스케일을 강조하는 데 유용합니다.

틸트(Tilt) : 카메라가 상하로 움직이며 특정 대상을 강조하거나 인물과 배경을 동시에 보여주는 데 효과적입니다. ==카메라가 아래에서 위로 틸트하여 높은 빌딩을 보여준다==라는 프롬프트는 공간감을 강조하면서 주인공의 작은 존재감을 부각하고, 주변 환경과의 관계를 효과적으로 표현할 수 있습니다.

트래킹 샷(Tracking Shot) : 카메라가 움직이는 대상과 함께 이동하는 방식입니다. ==카메라가 주인공을 따라 길을 걷는다==와 같은 프롬프트를 사용하면 마치 주인공의 시점에서 그의 여정을 함께 느끼도록 해 영상에 몰입감을 더하고 감정적 연결을 강화할 수 있습니다.

줌(Zoom) : 줌 인과 줌 아웃은 카메라의 시야를 특정 대상에 가까워지거나 멀어지게 하는 대표적인 구도입니다. ==카메라가 주인공의 얼굴을 클로즈업하며 그의 눈빛을 강조한다==라는 프롬프트를 활용한다면 주인공의 감정을 시각적으로 전달하는 데 효과적입니다.

크레인 샷(Crane Shot) : 크레인으로 카메라를 수직으로 이동시키며 넓은 시야를 제공하는 움직임입니다. 예를 들어, ==카메라가 위에서 아래로 내려오며, 주인공이 고층 건물 옥상에 서 있는 모습을 잡는다==는 프롬프트는 고도감을 전달하고 긴장감 넘치는 장면을 연출할 수 있습니다.

이와 같은 카메라 움직임(카메라 샷)을 프롬프트의 첫 줄에 입력하면 Runway Gen-3 Alpha에서 더욱 자연스럽고 세련된 카메라 연출을 효과적으로 구현할 수 있습니다.

강렬한 액션 장면에서는 빠른 팬이나 트래킹 샷을 활용해 긴장감을 높이고, 감정적인 대화 장면에서는 줌 인과 같은 정적인 카메라 워크로 인물의 표정에 집중할 수 있습니다. 카메라 워크와 관련된 프롬프트를 잘 활용한다면 영상의 시각적 리듬과 내러티브적 연결성이 훨씬 매끄러워집니다.

장면 설정

다음 단계는 장면 설정입니다. 장면 설정은 영상에서 **인물, 배경, 상황을 어떻게 배치할지 결정**하는 핵심 과정입니다. 카메라 움직임이 감정적 흐름을 주도한다면, 장면 설정은 시각적 스토리텔링의 토대를 제공합니다.

Runway Gen-3 Alpha에서는 텍스트 프롬프트를 통해 각 장면을 설정할 수 있습니다. 이때 상황, 시간, 장소를 구체적으로 입력하면 AI가 이를 영상에 반영합니다.

배경 설명 : 배경은 장면의 분위기와 톤을 결정하는 중요한 요소입니다. 황량한 사막, 뜨거운 태양 아래 먼지가 날리는 장면과 같은 프롬프트를 사용하면 강렬한 분위기와 고독감을 즉시 전달할 수 있습니다. AI는 이러한 정보를 바탕으로 시각적으로 일관된 장면을 만들어냅니다.

시간과 날씨 : 장면의 시간대와 날씨는 영상의 전반적인 감정적 톤을 좌우합니다. 해가 지는 저녁, 붉은 노을이 하늘을 물들인 도시와 같은 프롬프트는 노을의 따뜻한 색조와 함께 감정적 깊이를 더한 장면을 연출할 수 있습니다. AI는 시간과 날씨 정보를 활용하여 빛과 색상을 조절함으로써 적절한 분위기를 형성합니다.

인물의 위치와 동작 : 인물의 위치와 행동은 장면 설정의 핵심 요소입니다. 주인공이 화면 중앙에 서서 멀리 있는 산을 바라본다와 같은 프롬프트는 인물과 배경 사이의 관계를 시각적으로 명확히 보여줄 수 있습니다.

특정 오브젝트와 환경 요소 : 장면에 등장하는 오브젝트와 환경 요소는 장면의 디테일을 살리는 데 필수입니다. 주인공이 고풍스러운 책상을 앞에 두고, 손에는 오래된 책을 쥐고 있다와 같은 프롬프트는 시각적 디테일을 통해 장면의 몰입감을 높입니다.

실제 영상 제작에서 장면 설정은 매우 중요한 단계입니다. Runway Gen-3 Alpha를 사용할 때 창작자는 세밀한 텍스트 지시를 통해 AI에게 원하는 장면을 구체적으로 설명해야 합니다. 배경, 시간, 날씨, 인물의 위치 등의 정보를 명확하게 제공할수록 AI는 이를 바탕으로 정교한 장면을 생성할 수 있습니다.

예를 들어, 광고 제작에서는 제품이 등장하는 특정 환경 설정이 중요합니다. 현대적이고 세련된 주방에서 주인공이 커피를 내린다와 같은 프롬프트에 '어떻게 세련된 주방'인지 구체적 설정을 전달하면 AI가 영상의 분위기와 스타일을 더욱 강화할 수 있습니다. 이러한 디테일한 설정은 영상의 몰입도를 높이는 핵심 요소입니다.

세부 정보 1 : 색감과 조명

추가 세부 정보는 장면의 세밀한 디테일을 조정하여 영상의 완성도를 높이는 요소입니다. 여기에는 **영상의 색감, 조명, 특수 효과, 음향** 등이 포함되며, 장면의 감정적 깊이와 시각적 스타일을 결정짓습니다. Runway Gen-3 Alpha는 이러한 추가 정보를 활용하여 영상을 더욱 풍부하고 정교하게 구현합니다.

특히 색감과 조명은 영상의 감정적 효과를 극대화하는 핵심 도구입니다. ==따뜻한 노란빛이 가득한 거실, 벽에는 오렌지빛 그림자가 드리워져 있다==와 같은 따뜻한 색감을 표현한 프롬프트는 평화롭고 안정감 있는 분위기를 연출합니다. 반면 ==차가운 푸른빛이 감도는 어두운 골목==과 같은 차가운 색감의 프롬프트는 긴장감과 불안을 효과적으로 표현합니다.

조명 또한 장면의 초점과 분위기를 조절하는 중요한 역할을 합니다. ==주인공의 얼굴에 부드러운 빛이 비추고, 뒷배경은 어두워진다==와 같은 프롬프트는 주인공을 시각적으로 부각하며 감정적 집중도를 높입니다.

세부 정보 2 : 특수 효과와 움직임

특수 효과와 움직임은 장면을 역동적이고 몰입감 있게 만드는 요소입니다. AI는 텍스트 프롬프트를 활용해 각 장면에 특수 효과를 추가하고 오브젝트와 인물의 움직임을 세밀하게 조정할 수 있습니다.

==주인공의 손에서 마법 같은 불꽃이 피어오른다==와 같은 특수 효과 프롬프트는 장면에 판타지적 요소를 더해 영상을 생동감 있게 만듭니다. ==카메라가 주인공 주위를 서서

==히 회전하며 그의 고뇌를 강조한다==와 같은 움직임 설정 프롬프트는 인물의 감정을 효과적으로 전달하는 시각적 연출을 구현합니다.

자연스러운 움직임 또한 영상의 현실감을 높이는 중요한 요소입니다. ==바람에 나뭇잎이 흔들리고, 먼지가 천천히 흩날린다==와 같은 프롬프트는 자연의 움직임을 통해 장면에 생명력을 불어넣습니다.

Runway Gen-3 Alpha를 활용할 때 가장 중요한 것은 구체적이고 명확한 프롬프트 작성입니다. AI는 추상적인 명령보다 구체적인 지시사항을 반영할 때 더 나은 결과물을 생성합니다. ==멋진 장면==보다는 ==산 아래, 해가 지는 순간 주인공이 말을 타고 넘어간다==와 같은 구체적인 프롬프트가 훨씬 효과적입니다. 다만, 프롬프트의 길이가 영상 품질을 결정하지는 않습니다. 때로는 명확하고 간결한 프롬프트가 더 좋은 품질의 영상을 만들어냅니다.

또한 캐릭터, 환경, 오브젝트 간의 상호작용을 지시하면 AI는 이를 반영하여 장면을 더욱 현실적으로 구성합니다. ==주인공이 책상 위에 있는 펜을 들어 올리고, 창밖을 바라본다==와 같은 상호작용 프롬프트는 장면에 자연스러운 생동감을 더합니다.

Runway Gen-3 Alpha의 프롬프트는 카메라 움직임, 장면 설정, 추가 세부 정보라는 세 가지 요소로 이루어져 정교한 영상 제작을 지원합니다. 이를 효과적으로 활용하면 비전문가도 고품질의 영상을 제작할 수 있으며, 전문가들은 더욱 창의적이고 몰입감 있는 작품을 만들 수 있습니다.

이미지를 첨부해 영상을 만들어보자

이미지 첨부를 통한 프롬프트 완성 기능은 AI 영상 제작을 더욱 직관적이고 간편하게 만듭니다. Runway의 Gen-3 Alpha는 텍스트 프롬프트뿐만 아니라 이미지를 기반으로 영상을 생성할 수 있어, 더 구체적이고 시각적으로 풍부한 결과물을 만들어냅니다. 이 기능을 활용하면 특정 캐릭터가 등장하는 영상에서 캐릭터의 동일성을 유지하며 이야기를 전개할 수 있다는 장점이 있습니다.

Runway의 Gen-3 Alpha와 Gen-3 Alpha Turbo는 이미지 첨부 요구사항에서 차이가 있습니다. Gen-3 Alpha는 이미지 첨부가 선택 사항이어서 프롬프트만으로도 영상을 생성할 수 있습니다. 반면 Gen-3 Alpha Turbo는 반드시 이미지를 첨부해야 하며, 프롬프트 없이도 이미지를 분석해 자동으로 움직임을 생성할 수 있습니다. 또한 Gen-3 Alpha Turbo는 기존 모델 대비 50% 저렴한 가격으로, 영상 1초당 5크레딧으로 제작할 수 있습니다.

이어서 이미지를 첨부하여 프롬프트를 완성하는 기능을 어떻게 활용할 수 있는지 살펴보겠습니다. 아울러 Midjourney, DALL-E와 같이 대중적이고 사용하기 쉬우면서도 고품질 결과물을 얻을 수 있는 AI 이미지 제작 도구도 함께 알아보겠습니다.

이미지 첨부를 통한 영상 생성 기능

이미지를 첨부하면 AI가 해당 이미지의 스타일, 색감, 구도 등을 자동으로 해석하여 영상에 반영합니다. 예컨대 사용자가 몽환적인 숲속 이미지를 업로드하면 AI는 해당 숲의 조명, 나무의 배치, 안개 등의 요소를 프롬프트로 반영하여 유사한 분위기의 영상을 생성합니다. 이는 이미지에서 영감을 받아 장면을 제작할 때 특히 유용합니다.

이미지 첨부 기능은 복잡한 프롬프트 작성 과정을 간소화하여 창작자가 기술적 세부 사항에 얽매이지 않고 직관적으로 영상을 제작할 수 있게 돕습니다. 특히 고화질 이미지를 첨부하고 Runway의 프리셋 프롬프트를 활용하면 영상 생성 시간을 크게 단축할 수 있습니다.

영상 제작에서 Midjourney, DALL-E와 같은 AI 이미지 제작 도구도 중요한 역할을 합니다. 이 도구들은 텍스트 프롬프트만으로 고품질의 이미지를 생성할 수 있으며, 예술적 스타일부터 사실적 묘사까지 다양한 결과물을 만들어낼 수 있습니다.

> **TIP** Midjourney, DALL-E 외에 Stable Diffusion도 많이 알려진 도구입니다. Stable Diffusion은 고화질의 디테일한 이미지를 제작할 수 있지만, 관련 지식이 없는 일반인이 사용하기에는 다소 까다롭고 제작 환경을 구성하는 데 많은 시간과 노력이 필요할 수 있습니다.

Midjourney

Midjourney(미드저니)는 예술적이고 독창적인 이미지 생성에 특화된 AI 도구입니다. 상상력을 자극하는 몽환적인 이미지나 추상적인 예술 작품을 만들어내는 데 강점을 보입니다. 사용자는 간단한 텍스트 프롬프트만으로 복잡하고 독특한 스타일의 이미지를 얻을 수 있습니다.

Midjourney는 서비스 초기에는 '디스코드(Discord)'라는 글로벌 커뮤니티 플랫폼

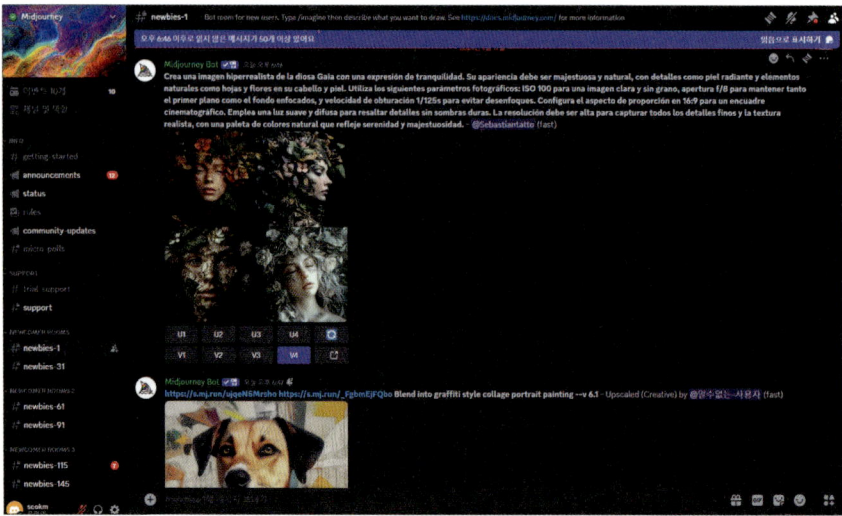

▲ 커뮤니티 서비스 '디스코드'에서 사용하는 미드저니 모습

에서만 실행되었으며, 특정 스타일을 표현하려면 낯선 개발 용어를 입력해야 하는 등 사용이 어려웠습니다. 그러나 이후 별도의 웹 서비스가 제공되면서 간단한 설정만으로도 원하는 이미지를 생성할 수 있도록 크게 개선되었습니다.

Midjourney를 활용하려면 유료 플랜에 가입해야 하며, 지금은 미드저니 웹사이트(midjourney.com)에 접속해 간편하게 작업할 수 있습니다. 또한 탐색(Explorer) 기능을 제공하여 전 세계 사용자들이 생성한 다양한 프롬프트 예시를 검색하고 참고할 수 있습니다.

웹사이트에 접속한 후, 간단히 프롬프트 입력창에 **구름 위에 떠 있는 고대 신전, 몽환적인 분위기(Ancient temple floating above the clouds, dreamy atmosphere)**를 입력하면, AI가 이러한 묘사를 시각화한 독특한 이미지를 생성합니다. 이 이미지를 Runway Gen-3 Alpha에 업로드하면, AI는 신전의 구조와 색감, 구름의 배치를 분석하여 유사한 영상 프롬프트를 자동으로 생성합니다.

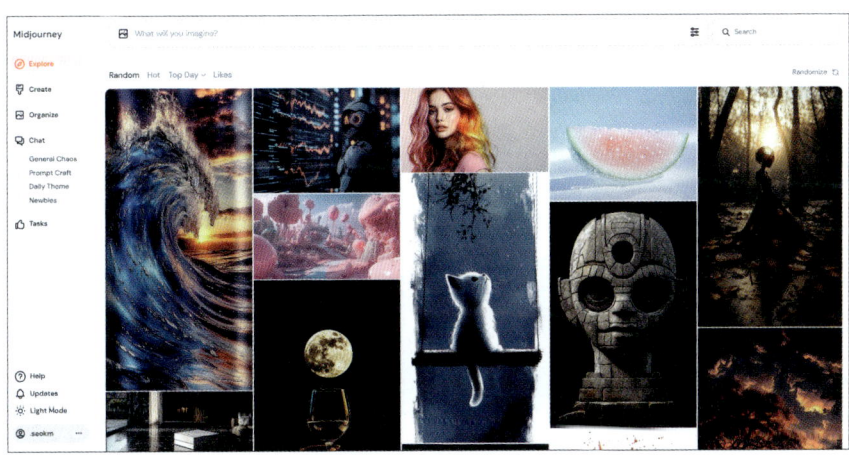

▲ 미드저니 전용 웹 서비스 모습

DALL-E

ChatGPT 사용자에게 제공되는 DALL-E(달리)는 무료로도 사용할 수 있으며, 사실적인 이미지 생성과 세부적인 묘사에 뛰어난 AI 도구입니다. 현실에 가까운 이미지를 생성하는 데 강점이 있으며, 사물의 디테일, 빛과 그림자 같은 복잡한 시각적 요소를 정교하게 표현합니다.

==고요한 저녁의 시골 풍경, 노을이 지는 하늘과 풀밭이 어우러진 장면 이미지를 그려 줘라==고 ChatGPT에 프롬프트를 입력하면, 자동으로 DALL-E가 작동해 사실적인 시골 풍경 이미지를 생성합니다. DALL-E는 ChatGPT를 기반으로 작동하므로 한글 프롬프트도 지원합니다. 덕분에 번거로운 영문 번역 없이도 사실적이고 감성적인 장면을 효과적으로 생성하여 영상 제작에 활용할 수 있습니다.

▲ ChatGPT에서 DALL-E로 제작한 이미지 예시

> **TIP** DALL-E는 과거 별도의 서비스로 제공되었으나, 3에서 ChatGPT에 포함되었습니다. 2025년 3월 부터는 ChatGPT 내 별도의 이미지 생성 기능이 아닌 ChatGPT-4o 이상 버전에서 유기적인 활용이 가능해졌습니다.

이미지로 만드는 영상 작업의 장점

이미지를 첨부하여 자동으로 프롬프트를 생성하는 기능은 영상 제작에서 시각적 일관성을 유지하며 신속하게 장면을 구성할 수 있어, 광고와 영화, SNS 콘텐츠 등 다양한 분야에서 활용되고 있습니다.

광고 제작에서는 브랜드 정체성과 감각적인 비주얼이 핵심 요소입니다. Runway Gen-3 Alpha의 이미지 첨부 기능을 활용하면 미리 제작된 컨셉 아트나 브랜드 가이드라인에 맞는 이미지를 업로드할 수 있습니다. AI가 이를 분석해 프롬프트를 자동 생성하므로 브랜드의 일관성을 유지하며 영상을 제작할 수 있습니다. 예를 들어, 화장품 광고에서 브랜드의 고유한 색감을 반영한 이미지를 첨부하면, AI가 이를 기반으로 제품의 우아함과 고급스러움을 강조하는 영상 프롬프트를 자동으로 생성합니다.

이 기능은 영화나 단편 영상 제작에서도 빛을 발합니다. 스토리보드 이미지를 Runway에 업로드하면 AI가 이를 분석해 최적의 프롬프트를 자동 완성하므로, 시각적 일관성을 유지하며 영상을 효율적으로 생성할 수 있습니다. 예를 들어, 판타지 영화에서 주인공이 마법을 펼치는 장면을 제작할 때, Midjourney나 DALL-E 3로 만든 이미지를 Runway에 올리기만 하면 AI가 이미지 속 구도와 배경의 특징을 살려 매력적인 영상을 생성합니다.

SNS 콘텐츠 제작에도 활용할 수 있습니다. 패션 브랜드의 인스타그램 영상을 제작할 때, 제품 사진이나 스타일링된 이미지를 업로드하면 AI가 이미지의 스타일을 분석해 영상의 분위기와 색감을 자동으로 조정합니다.

이미지를 첨부하여 자동 프롬프트를 생성할 때 고려해야 할 몇 가지 주요 사항이 있습니다. AI는 첨부된 이미지의 특징을 분석하여 프롬프트를 생성하므로, 명확하고 구체적인 이미지 선택이 중요합니다. 복잡한 배경이나 명확하지 않은 피사체가 담긴 이미지는 피하고, 이미지와 프롬프트 내용의 일관성을 유지해야 AI가 정확하게 해석해 영상을 제작할 수 있습니다.

특히 색상과 조명에 신경 써야 합니다. AI는 이미지의 색조와 조명 정보를 분석하여 프롬프트를 구성하므로, 원하는 장면 분위기를 구현하려면 적절한 색감의 이미지를 선택하는 것이 좋습니다.

Runway Gen-3 Alpha의 이미지 첨부 자동 프롬프트 기능은 영상 제작을 직관적이고 효율적으로 만드는 강력한 도구입니다. 창작자는 Midjourney나 DALL-E 3와 같은 AI 이미지 생성 도구로 구체적인 비주얼 자료를 제작하고, 이를 활용해 AI로 시각적 일관성을 갖춘 고품질 영상을 제작할 수 있습니다. 이러한 혁신적인 기술 덕분에 영상 제작의 진입 장벽이 낮아져, 더 많은 사람이 창작의 즐거움을 경험할 수 있게 되었습니다.

캐릭터 일관성을 유지하며 영상 만들기

영상 제작에서 캐릭터의 일관성은 스토리의 흐름과 관객의 몰입도를 결정하는 핵심 요소입니다. 한 작품에서 동일한 인물의 일관성이 무너져 장면마다 다른 사람으로 보인다면 너무나 어색한 영상이 됩니다. 그런데 AI로 영상을 제작하다 보면 새로운 장면을 생성할 때마다 캐릭터의 외형이나 스타일이 달라지는 문제가 수시로 발생합니다. 이를 해결하는 방법 중 하나가 시드 넘버를 고정하는 것입니다.

시드 넘버란 무엇인가

시드 넘버(Seed Number)는 AI가 무작위로 결과물을 생성할 때 기준이 되는 숫자

코드입니다. AI 모델은 동일한 시드 넘버를 사용하면 일관된 결과를 생성하는 특징이 있습니다. 이를 활용하면 AI의 무작위성을 제어하고 원하는 결과를 지속적으로 얻을 수 있습니다. 예를 들어, 캐릭터의 외모나 장면의 상황이 매번 다르게 생성되는 문제가 발생할 때, 고정된 시드 넘버를 사용하면 캐릭터의 특징과 장면을 일관성 있게 유지할 수 있습니다.

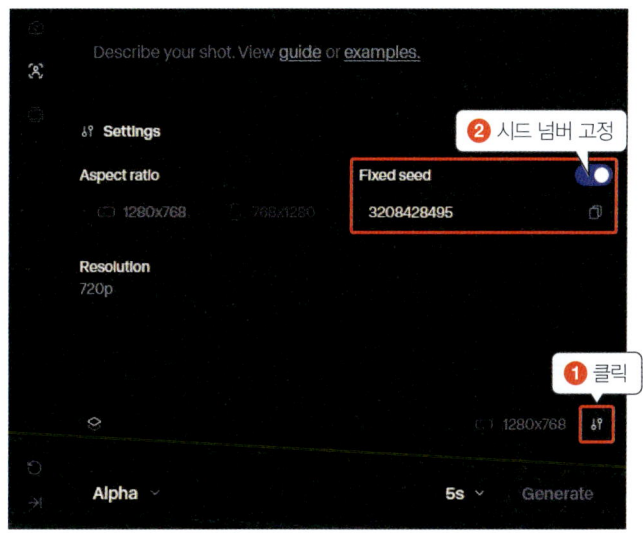

▲ Runway Gen-3 Alpha 기준 프롬프트 입력창 하단의 ⚙를 클릭하고 [Fixed seed]를 활성화해 시드 넘버를 고정할 수 있다

시드 넘버를 고정하면 AI가 결과물을 생성할 때 무작위성에 의존하지 않고 특정 패턴을 따르도록 제어할 수 있습니다. 이를 통해 여러 장면에서 거의 동일한 캐릭터가 일관된 모습으로 나타나도록 유지할 수 있습니다.

예를 들어, 주인공 캐릭터를 처음 등장시키는 장면에서 시드 넘버를 고정한 뒤, 이후 장면에서도 동일한 시드를 사용하면 캐릭터의 외모와 스타일을 일관되게 유지할 수 있습니다. 하지만 이 방법이 100% 보장되지는 않습니다. 동일한 시드를 사용하고 프롬프트에 캐릭터를 자세히 묘사하더라도, 생성되는 영상에서 캐릭터의 얼굴이 동양인에서 서양인으로 바뀌거나 머리 색이 변하는 등의 문제가 발생할 수 있습니다.

시드 넘버를 제대로 활용하기 위한 프롬프트 작성법

캐릭터의 동일성이 유지되다가 다음 영상을 생성할 때 캐릭터가 완전히 바뀌는 이른바 튀는 현상과 그 대응 방법을 알아보겠습니다.

▲ 시드 넘버를 고정한 상태에서도 전혀 다른 결과물이 생성되는 사례

위 이미지 첫 장면은 동양인 청춘 남녀가 함께 만나는 모습이 담겨 있습니다. 다음 영상에서도 동일한 캐릭터가 등장하도록 시드 넘버를 고정하고 캐릭터를 자세히 묘사했음에도, 두 캐릭터 모두 서양인으로 바뀌었고 특히 여성 캐릭터의 머리색은 에메랄드색으로 변했습니다. 이처럼 시드를 고정했음에도 일관성이 무너지는 경우가 종종 발생합니다.

이러한 문제를 해결하기 위해 다음 영상을 생성할 때, 시드 넘버를 고정하는 동시에 캐릭터의 특징을 이전 영상에 맞춰 수정한 프롬프트를 작성합니다. 앞서 소개한 GPTs를 활용하여 작성한 수정 프롬프트의 내용을 살펴보겠습니다.

> 좋아, 캐릭터의 일관성 유지가 되도록 강조해주고 시드넘버 3377575687를 사용하도록 강조해서 프롬프트 다시 만들어줘

Jun과 Soo가 함께 놀이공원에 도착한 장면 프롬프트

Prompt: Wide-angle shot: Jun (#3377575687) and Soo (#3377575687) arrive happily at an amusement park, vibrant lights and colorful rides in the background. Jun, a young Korean man with stylish black hair, wears a white t-shirt, denim jacket, and fitted jeans, carrying his camera. Soo, a young Korean woman with electric blue hair, wears a floral dress and sneakers, holding her sketchbook. They smile and laugh, excited for the adventure ahead.

> 좋아, 위 프롬프트 유지해주고 Soo 캐릭터의 헤어컬러를 검정색으로 고정하도록해서 다시 프롬프트 만들어줘

Jun과 Soo가 함께 놀이공원에 도착한 장면 프롬프트

Prompt: Wide-angle shot: Jun (#3377575687) and Soo (#3377575687) arrive happily at an amusement park, vibrant lights and colorful rides in the background. Jun, a young Korean man with stylish black hair, wears a white t-shirt, denim jacket, and fitted jeans, carrying his camera. Soo, a young Korean woman with long, wavy black hair, wears a floral dress and sneakers, holding her sketchbook. They smile and laugh, excited for the adventure ahead.

▲ 시드 넘버 고정을 통해 일관성을 유지할 수 있도록 프롬프트 구성을 요정한 사례

이처럼 캐릭터의 변경된 특징을 구체적으로 지적하고, 일관성 유지를 위한 세부 지시사항을 포함하여 다음 영상 생성에 적용할 프롬프트를 작성할 수 있습니다.

▲ 최초 생성한 영상에 이어 캐릭터의 일관성을 유지한 프롬프트를 통해 생성한 영상
첫 영상의 캐릭터와 거의 유사하게 생성된 것을 확인할 수 있다

캐릭터의 일관성이 중요한 이유

캐릭터의 일관성은 영화, 드라마, 애니메이션과 같은 서사 중심의 영상에서 핵심적인 요소입니다. 관객은 캐릭터의 외형, 성격, 감정 표현을 통해 이야기에 몰입하므로, 이러한 요소의 일관성은 스토리 전개에 필수적입니다.

영상에서 캐릭터의 외형은 스토리와 밀접하게 연결됩니다. 주인공의 얼굴, 의상, 헤어스타일 등은 캐릭터의 상황과 감정 상태를 반영하며, 이를 통해 내러티브의 일관성이 형성됩니다. 캐릭터의 외형이 갑작스럽게 바뀌면 관객은 이질감을 느끼고 몰입도가 떨어질 수 있습니다.

Runway와 같은 AI 도구를 사용할 때, 시드 넘버 고정은 다양한 장면에서 캐릭터의 일관성을 유지하는 핵심 기능입니다. 액션 영화에서 주인공이 여러 장소를 오가며 싸우는 장면을 제작할 때, 첫 장면에서 설정한 시드 넘버를 이후 장면에서도 동일하게 사용하면 주인공의 외형과 스타일을 일관되게 유지할 수 있습니다.

광고나 브랜드 콘텐츠 제작에서도 시드 넘버 고정은 필수입니다. 마스코트 캐릭터나 브랜드 아이콘을 일관되게 유지해야 브랜드 아이덴티티를 효과적으로 전달할 수 있기 때문입니다.

시드 넘버를 부적절하게 설정하거나 중간에 변경하면 캐릭터의 외형과 성격이 예상치 못하게 달라질 수 있습니다. 이를 방지하려면 각 장면에서 일관된 시드 넘버를 사용하고, 필요하다면 값을 기록해두는 것이 중요합니다. 미세한 변화가 필요할 때는 시드 넘버는 고정한 채 의상이나 배경 등 특정 요소만 조정하는 것이 효과적입니다.

주요 장면, 특히 캐릭터의 감정이 극적으로 변하는 장면에서는 반드시 시드 넘버를 고정해야 합니다. 외형이 변하지 않은 상태에서 감정 표현만 강조해야 관객이 캐릭터의 내면 변화에 집중할 수 있기 때문입니다.

다만, 실제 제작 과정에서는 시드 넘버를 고정하고 프롬프트를 수정하더라도 일관성이 깨지는 경우가 발생할 수 있습니다. 이런 경우 Midjourney나 DALL-E 3로 고화질 이미지를 생성해 기준점을 마련하고, 이를 제작에 활용하여 일관성을 보완하는 것도 효과적인 방법입니다.

배경음악과 각종 효과음은 음악 관련 AI 도구를 활용하자

영상 제작에서 배경음악과 효과음은 스토리텔링에 감정적 깊이를 더하고 몰입감을 극대화하는 중요한 요소입니다. 관객은 비주얼뿐만 아니라 사운드로도 이야기에 몰입하므로, 적절한 음악과 효과음은 영상의 감정을 더욱 강렬하게 전달합니다.

AI 기술의 발전으로 배경음악과 효과음 역시 AI 도구를 활용해 효율적으로 제작할 수 있게 되었습니다. 이번에는 SUNO와 ElevenLabs 같은 AI 음악 도구로 배경음악과 효과음을 제작하는 방법을 살펴보겠습니다.

전통적인 음악 제작 과정에는 전문적인 지식과 시간이 필요합니다. 작곡, 편곡, 믹싱, 마스터링 등 여러 전문 단계를 거쳐야 하며, 각 단계마다 고도의 기술과 장비가 요구됩니다. 그러나 AI 음악 도구를 사용하면 이러한 과정을 간소화하여 창작자가 직관적으로 음악을 제작할 수 있습니다.

특히 영상 제작에서는 각 장면에 어울리는 음악을 신속하게 선곡하거나 제작하는 것이 중요한데, AI 음악 도구는 이를 위한 맞춤형 솔루션을 제공합니다. 이를 통해 제작 시간을 단축하고 더욱 창의적으로 음악과 효과음을 적용할 수 있습니다.

SUNO : AI가 만드는 맞춤형 배경음악

SUNO(suno.com)는 텍스트 프롬프트나 장면 설명을 입력하면 해당 분위기에 어울리는 음악을 자동으로 생성하는 AI 음악 도구입니다. 사용자는 영상 분위기와 장르를 지정하여 원하는 스타일의 음악을 제작할 수 있습니다. ==따뜻하고 감성적인 분위기의 피아노 음악(Piano music for a warm and emotional atmosphere)==이라는 프롬프트를 입력하면 SUNO는 이에 맞는 스타일의 피아노곡을 생성합니다.

이 기능을 통해 영상 제작자는 장면에 최적화된 음악을 직접 커스터마이징할 수 있으며, 다양한 음악적 요소를 조합하여 효율적으로 제작할 수 있습니다. 또한 가사가 있는 노래를 만들고 싶다면, [Instrumental] 옵션을 비활성화하고 가사와 노래 스타일을 영문 프롬프트로 입력하면 AI 가수가 직접 노래하는 음악을 제작할 수 있습니다.

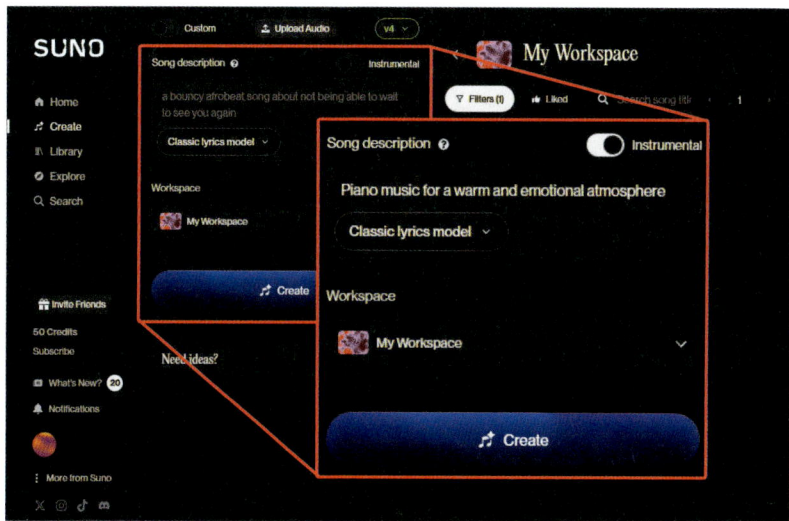

▲ SUNO 작업 화면. 간단한 가입 과정을 마치면 무료 50 크레딧을 제공한다

작사 역시 AI에게 의뢰할 수 있습니다. 영상이 전달하고자 하는 분위기를 설명하며 그에 어울리는 노래를 요청하면 됩니다. 다음은 광활한 우주의 대서사시를 콘셉트로 한 영상 도입부에 어울리는 가사를 ChatGPT로 작성하고 SUNO에 입력해 배경음악을 만드는 과정입니다.

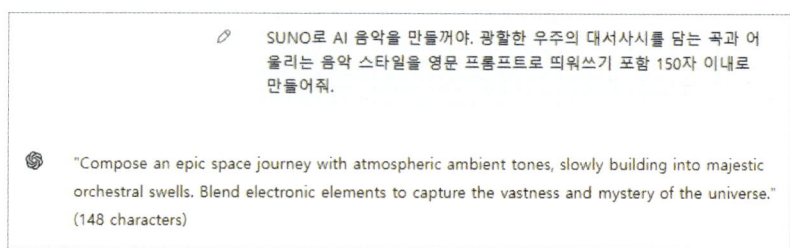

▲ GPTs를 사용해 배경음악 생성에 필요한 프롬프트를 요청한 사례

이때 가사는 너무 자세하게 작성할 필요는 없습니다. 노래의 전반적인 분위기와 주제만 전달하면 SUNO가 나머지 세부 가사를 자동으로 완성합니다. 생성된 음악은 화면 오른쪽에서 확인할 수 있으며, 직접 들어보고 가사를 확인할 수도 있습니다.

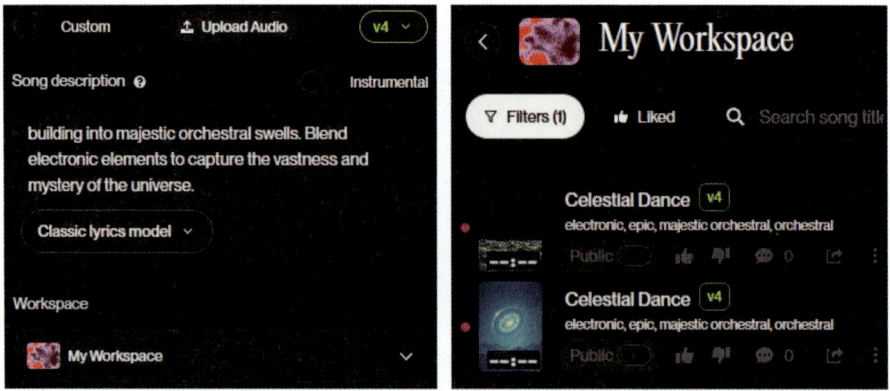

▲ AI가 생성한 영문 프롬프트를 SUNO에 입력한 후 [Create]를 클릭하면 자동으로 배경음악이 생성된다

SUNO는 클래식, 재즈, 일렉트로닉, 힙합, 록 등 다양한 장르를 지원합니다. 감동적인 장면에는 잔잔한 오케스트라 음악, 액션 장면에는 긴장감 넘치는 전자 음악 등, 프롬프트에 따라 각 장면에 적합한 음악을 손쉽게 제작할 수 있습니다.

이러한 폭넓은 선택지를 통해 창작자는 장면별로 음악의 톤을 조절하며, 영상 전체의 감정 흐름을 일관되게 유지할 수 있습니다. 최근에는 많은 창작자들이 이 기능을 활용하여 배경음악을 제작하고 있습니다.

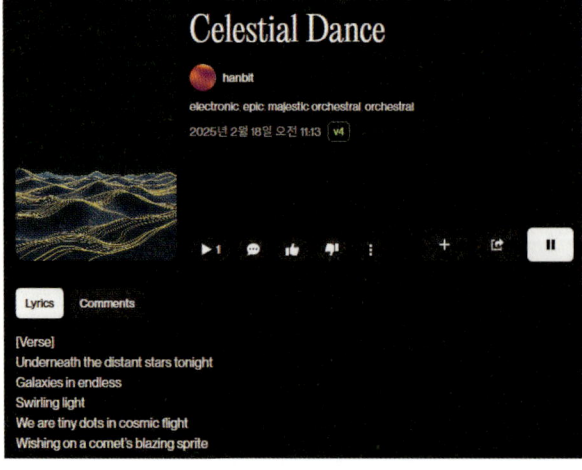

▲ SUNO를 사용해 생성된 음악과 가사를 함께 확인할 수 있다

SUNO는 이미 다양한 단편 영화와 광고 제작에 활용되고 있습니다. 또한 영상 크리에이터들도 짧은 콘텐츠를 제작할 때 SUNO로 즉석에서 음악을 생성하여 제작 시간을 단축하고 있습니다.

ElevenLabs : 음성 합성과 효과음을 위한 AI 솔루션

ElevenLabs는 주로 음성 합성과 효과음 제작에 특화된 AI 도구입니다. 자연스러운 음성 생성은 물론, 다양한 사운드 효과를 만들어 영상에 삽입할 수 있어 다큐멘터리나 내레이션이 필요한 콘텐츠에서 유용하게 활용할 수 있습니다.

ElevenLabs에서는 다양한 목소리 톤과 억양을 선택할 수 있습니다. 특히 영상에 필요한 내레이션이나 캐릭터의 음성을 신속하게 제작할 수 있다는 것이 큰 장점입니다. 사용자가 텍스트만 입력하면 해당 내용에 맞는 음성을 즉시 생성합니다.

효과음은 영상의 현실감을 높이고 장면의 몰입도를 강화하는 중요한 요소입니다. ElevenLabs를 활용하면, 바람 소리나 비 내리는 소리와 같은 자연음부터 총소리나 폭발음 같은 액션 효과음까지 다양한 사운드를 간편하게 제작할 수 있습니다.

배경음과 사운드 디자인이 중요한 영화나 드라마 제작에서 이 기능이 특히 빛을 발합니다. ElevenLabs를 통해 효과음을 직접 제작하거나 기존 효과음을 편집하여 장면에 맞게 조정할 수 있습니다.

예를 들어, 숲속의 바람 소리와 같은 효과음을 만들려면 ElevenLabs의 [Sound Effects] 메뉴를 클릭합니다. 프롬프트 입력창에 The sound of wind in the woods를 입력하고 [Generate Sound Effects]를 클릭하면 곧바로 효과음을 생성할 수 있습니다.

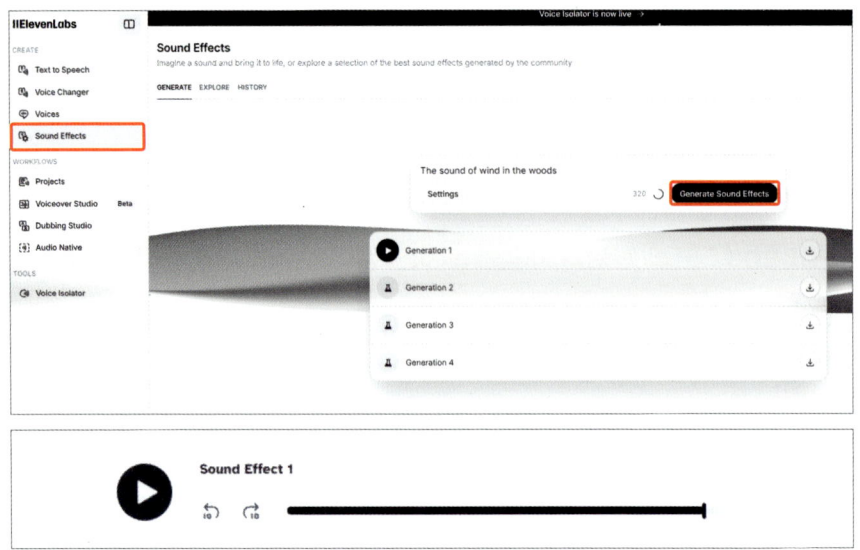

▲ 생성된 효과음을 미리 듣고 적절하다고 판단되면 다운로드하여 편집 과정에 활용할 수 있다

AI로 생성한 배경음악과 효과음 사용 시 주의할 점

AI 음악 도구를 사용할 때는 단조로운 패턴의 반복을 피해야 합니다. SUNO나 ElevenLabs 같은 AI 도구는 무작위성을 기반으로 음악과 효과음을 생성하지만, 사용자가 같은 스타일의 프롬프트를 반복하면 지루한 패턴이 발생할 수 있습니다. 예를 들어, 비 오는 장면에서 동일한 빗소리를 반복하면 현실감이 떨어질 수 있습니다. 따라서 다양한 프롬프트와 음악 요소를 조합하고, 장면에 맞게 음악의 흐름을 조정하는 것이 중요합니다.

AI 음악 도구로 제작된 배경음악과 효과음은 최종 믹싱 단계에서 미세한 조정이 필요할 수 있습니다. AI가 생성한 결과물은 높은 품질을 제공하지만, 영상 제작자가 각 요소가 자연스럽게 어우러지도록 조정해야 합니다. SUNO로 생성한 배경음악의 음량을 적절히 조절하고, ElevenLabs의 내레이션과 효과음이 다른 소리와 조화를 이루도록 믹싱하는 과정은 반드시 필요합니다.

앞으로 AI 음악 도구는 더욱 정교한 기능을 갖추게 될 것입니다. 현재의 SUNO와 ElevenLabs도 이미 강력한 기능을 제공하고 있지만, 앞으로는 더욱 복잡하고 섬세한 음악적 요구에도 대응할 수 있는 AI 도구들이 등장할 것입니다.

LESSON 04

CapCut으로 영상 편집과 최종 출력까지 하나로 처리한다

AI 영상 편집 툴 CapCut 알아보기

AI 영상 편집 도구인 CapCut(캡컷)은 전 세계적으로 널리 사용되는 무료 영상 편집 플랫폼으로, 특히 짧고 강렬한 영상 제작에 최적화되어 있습니다. 숏폼 콘텐츠를 주력으로 하는 TikTok(틱톡)의 운영사 Bytedance(바이트댄스)가 개발한 만큼 직관적인 사용법과 강력한 기능을 겸비하고 있어, 전문 영상 제작자부터 일반 사용자까

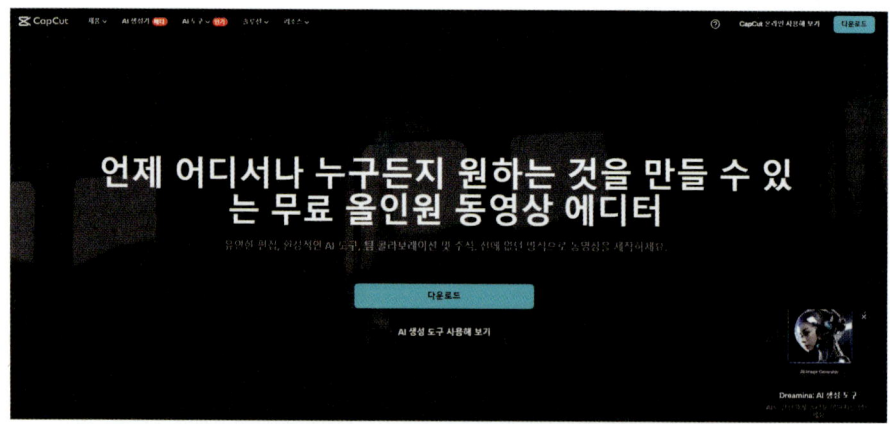

▲ CapCut 홈페이지(capcut.com/ko-kr/)에 접속해 다운로드할 수 있다

TIP CapCut은 웹 브라우저에서 바로 이용할 수 있는 온라인 버전과 설치형 버전이 있습니다. 설치형은 보다 안정적이고 최적화된 편집 환경을 제공합니다.

지 폭넓은 인기를 얻고 있습니다. 이번에는 CapCut의 AI 기반 기능과 주요 편집 기능을 살펴보고, 이를 활용한 영상 제작 방법을 소개하겠습니다.

CapCut 한국어로 설정하고 편집 시작하기

CapCut의 가장 큰 장점은 간편한 사용자 인터페이스입니다. 드래그 앤 드롭 방식의 편집 도구로 설계되어 초보자도 쉽게 익힐 수 있으며, 다양한 기능이 직관적으로 배치되어 있습니다. 손쉽게 타임라인에 영상을 추가하고 편집할 수 있으며, 트랜지션 효과와 필터, 텍스트 삽입 등 다양한 편집 기능을 간단한 마우스 조작만으로 적용할 수 있습니다.

> **TIP** 모바일 환경에 최적화된 터치 인터페이스를 제공하여 스마트폰에서도 편리하게 영상을 편집할 수 있습니다. 이러한 사용자 친화적인 인터페이스 덕분에 영상 편집 경험이 없는 사람도 부담 없이 원하는 영상을 제작할 수 있습니다.

01 처음 CapCut을 설치하고 실행하면 기본 언어는 영어입니다. 오른쪽 상단의 ❶ ⚙️을 클릭하고 ❷ [Settings] 메뉴를 엽니다.

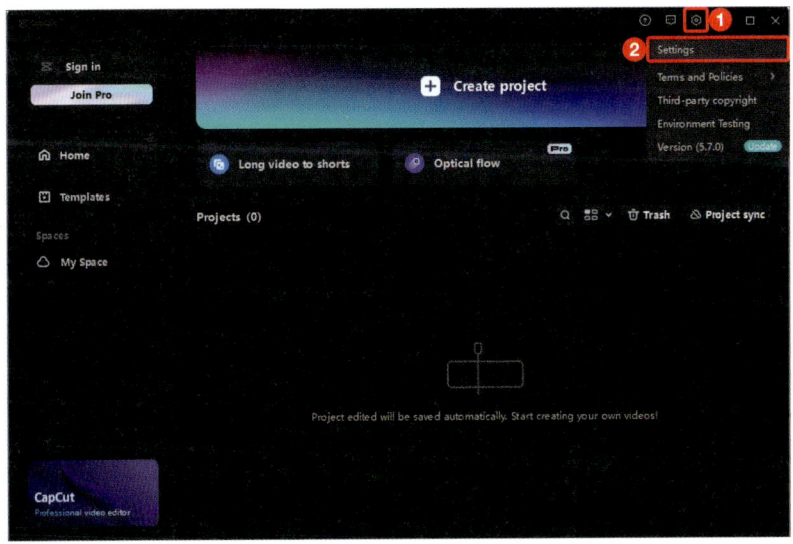

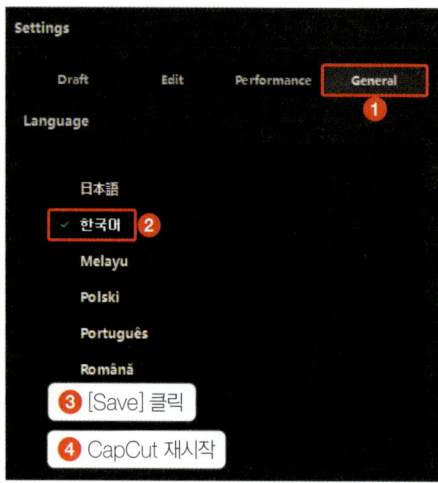

02 [Settings] 대화상자가 나타나면 ❶ [General]을 클릭하고 ❷ [Language] 항목에서 [한국어]를 선택한 후 ❸ [Save]를 클릭합니다. ❹ CapCut을 재시작한다는 메시지가 나타나면 프로그램을 재시작합니다.

03 한국어로 CapCut이 실행됩니다. 해당 화면은 [홈페이지]로 ❶ [프로젝트 만들기]를 클릭해 새 작업을 시작할 수 있고, 기존에 진행하던 작업은 ❷ [프로젝트] 목록에서 확인할 수 있습니다.

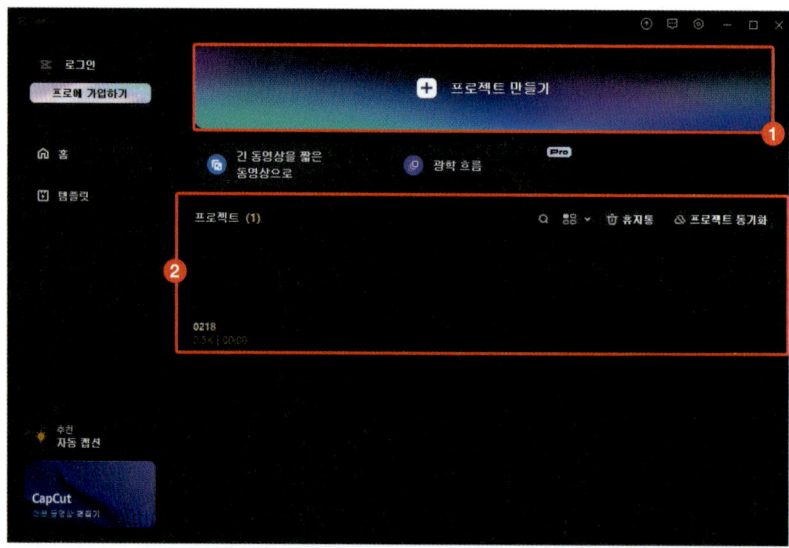

04 CapCut 기본 작업 화면입니다. PC에 저장한 동영상, 음성, 이미지 파일을 ❶ [가져오기] 영역으로 드래그해 추가한 후 ❷ 타임라인 영역으로 드래그하여 차례대로 배치해 영상을 편집할 수 있습니다.

> TIP CapCut의 편집 방법은 매우 직관적입니다. 타임라인에 영상을 배치하고, 분할 도구, 선택 도구를 활용해 손쉽게 나누고 길이를 조정할 수 있습니다. 이 책에서 CapCut의 세부적인 활용 방법을 모두 다루진 않지만, 유튜브 강의나 공식 홈페이지 매뉴얼 등에서 최신 정보를 찾아 여러분이 만들고자 하는 영상 작품 수준에 필요한 내용을 학습해 활용하길 권장합니다.

CapCut의 다양한 AI 편집 효과와 필터

CapCut이 다른 영상 편집 도구와 차별화되는 핵심은 AI 기반 편집 기능과 다양한 필터, 템플릿을 하나의 프로그램 내에서 활용할 수 있다는 점입니다. 복잡한 애니메이션 구성은 어렵지만 간편한 컷 편집은 물론, 자동 자막 생성, 다양한 AI 텍스트 효과 및 시각 효과를 통해 손쉽게 영상을 완성할 수 있습니다.

특히 AI 편집 효과를 활용하면 선택한 영상에 CG나 만화 스타일의 효과를 즉시 적용할 수 있으며, 사용자가 직접 프롬프트를 입력해 원하는 효과를 자유롭게 구현할 수도 있습니다.

또한 영상 속 주요 객체를 자동으로 추적하여 화면 프레임을 조정하는 기능도 제공합니다. 예를 들어, 인물의 얼굴을 강조하는 장면에서는 AI가 얼굴을 자동으로 추적해 프레임을 조정함으로써, 촬영 과정의 오류를 수정하는 편집 작업을 최소화할 수 있습니다.

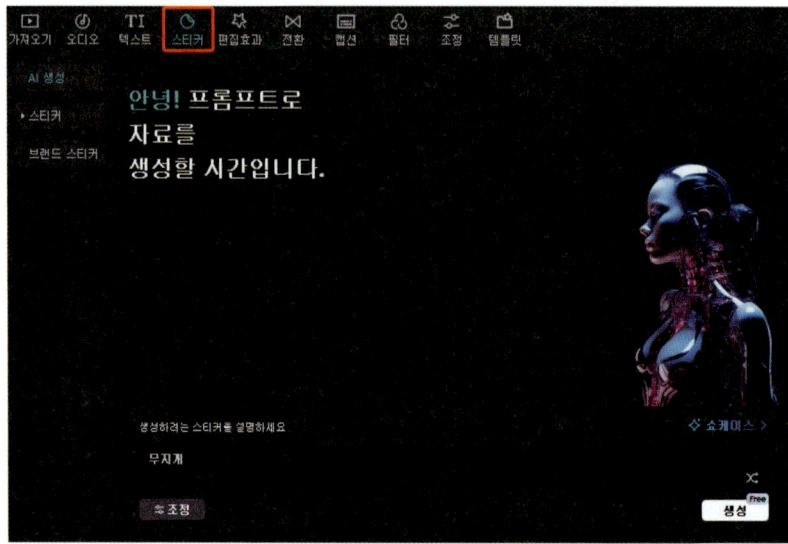

▲ 프롬프트를 입력하여 다양한 AI 스티커를 생성하는 기능

▲ 오른쪽 상단의 [AI 스타일]을 통해 다양한 CG, 스타일, 편집 효과를 적용할 수 있다

▲ [AI 움직임] 기능을 활용하면 프레임에 변화를 주어 다양한 움직임을 적용할 수 있다

> **TIP** CapCut의 기본 기능은 무료로 제공되지만, [Pro]로 표시된 다양한 고급 기능은 유료 플랜 가입 후 사용할 수 있습니다. 유료 플랜에는 매월 자동 구독되는 9,900원 플랜, 한 달만 사용 가능한 12,600원 플랜 등이 있습니다. 일부 AI 기능은 지급되는 크레딧을 소모하며, [Free]라고 표시된 기능은 별도의 비용 없이 사용할 수 있습니다.

CapCut은 다양한 편집 효과와 필터를 제공하여 사용자가 더욱 창의적으로 영상을 연출할 수 있도록 지원합니다. 슬로우 모션이나 역방향 재생 같은 효과로 독특한 장면을 연출할 수 있으며, 다양한 색 보정 필터로 더욱 생동감 있는 영상을 제작할 수 있습니다.

특히 최신 트렌드를 반영한 효과를 빠르게 업데이트하는 점도 CapCut의 장점입니다. 소셜 미디어에서 인기를 끄는 글리치 효과나 빈티지 필터를 간편하게 적용할 수 있어, 유행에 민감한 숏폼 콘텐츠 제작에 활용도가 매우 높습니다.

AI 기반 자동 편집

CapCut은 AI가 영상을 자동으로 분석하고 편집을 수행하는 기능도 제공합니다. 영상을 업로드하고 자동 전환(트랜지션) 기능을 선택하면, AI가 각 장면의 흐름과 구성을 분석하여 적절한 전환 효과를 자연스럽게 적용합니다.

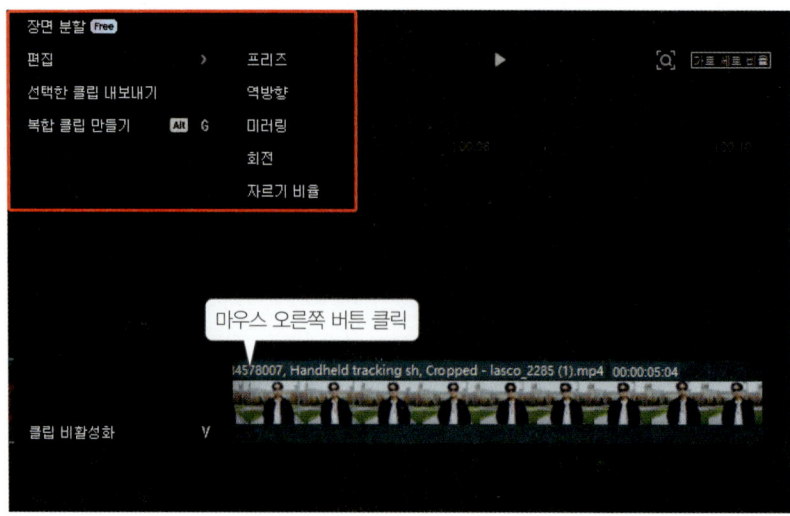

▲ 타임라인에 추가한 클립을 마우스 오른쪽 버튼으로 클릭하면 기본 편집 기능과 AI를 활용한 장면 분할 기능을 사용할 수 있다

AI 장면 분할 기능과 필터로 매끄러운 장면 전환을 구현하고, AI 자동 자막 기능으로 영상의 메시지를 효과적으로 전달할 수 있습니다. 자동 효과 기능을 활용하면 짧은 시간에 영상을 제작할 수 있습니다.

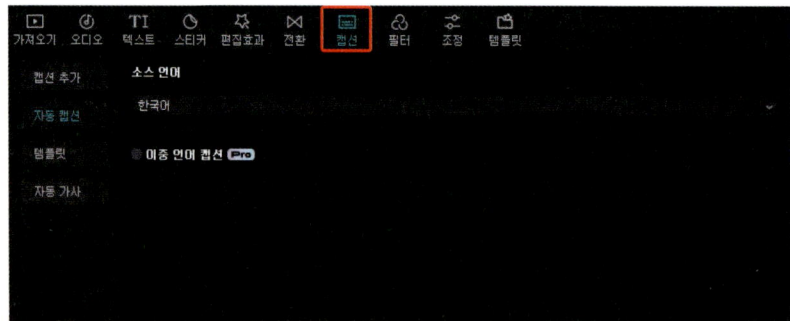

▲ [캡션]을 확인해보면 일반적인 자막 추가 외에도 [자동 캡션]에서 자동으로 자막을 생성할 수 있다

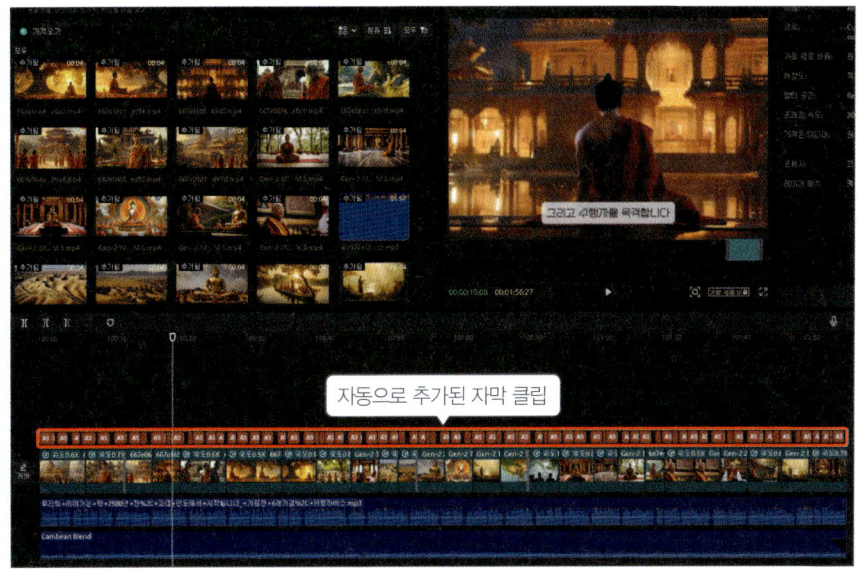

▲ 자동 자막 기능이 적용된 모습. 음성 인식 정확도가 매우 높으므로 캡션 기능으로 전체 자막을 만든 후 오탈자만 확인하여 수정하면 된다

준비된 소스 불러와 순서대로 배치하기

CapCut의 기본 편집 작업은 드래그 앤 드롭 방식으로 소스를 불러와 타임라인에 순서대로 배치하는 형태로 진행합니다. 직관적인 작업 과정이지만 단순한 소스 배치 이상의 의미가 있습니다. 효과적인 편집을 위해서는 스토리의 흐름과 장면 간 연결성을 고려해서 진행해야 합니다.

소스 파일 관리하기

영상 편집의 첫 단계는 소스 파일을 체계적으로 관리하는 것입니다. 소스 파일은 촬영하거나 생성한 영상 클립을 비롯해 배경음악, 효과음, 이미지, 텍스트 등 다양한 미디어 요소로 구성됩니다. 이를 효율적으로 정리하면 편집 과정에서 필요한 파일을 찾는 시간과 노력을 크게 줄일 수 있습니다. 반대로 파일 관리가 제대로 이루어지지 않으면 작업이 복잡해지고 편집 작업의 흐름이 자주 끊기게 됩니다.

소스를 효율적으로 불러오려면 파일 분류와 네이밍 작업을 먼저 습관화해야 합니다. 예를 들어, 영상 파일은 각 촬영본을 날짜나 장면별로 폴더를 구분하고, 파일명은 Scene1_1, Scene1_2처럼 체계적으로 붙여야 필요한 파일을 신속하게 찾을 수 있습니다.

> **TIP** 파일명을 체계적으로 관리해야 영상을 순서대로 배치하기 쉽습니다. 특히 클립 수가 많은 대규모 프로젝트에서는 필수적인 작업입니다.

CapCut은 영상 클립(mp4, mov), 이미지(jpeg, png), 오디오 파일(mp3) 등 다양한 미디어 형식을 지원하여 대부분 문제없이 불러올 수 있습니다. 다만, 영상이나 이미지 파일은 해상도나 화면 비율이 서로 다를 수 있으므로, 제작 초기에 이를 확인하고 통일하는 것이 중요합니다.

예를 들어, 가로형과 세로형 영상을 같은 타임라인에 배치하면 비율이 맞지 않아 추가로 작업해야 합니다. 이런 번거로움을 줄이기 위해 일관된 해상도와 화면 비율을 미리 결정하고 작업하는 것이 효율적입니다.

> **TIP** CapCut은 처음 불러온 영상의 화면 비율을 기준으로 작업 환경이 설정됩니다. 숏폼 전용 콘텐츠인 9:16 비율의 영상을 가장 먼저 타임라인에 추가하면, 전체 작업 환경이 9:16 비율로 자동 설정됩니다.

CapCut으로 소스 불러오고 작업하기

앞에서 CapCut에서 소스를 불러오는 과정을 살펴보았습니다. 이때 여러 개의 소스를 한 번에 선택해 타임라인에 추가할 수 있는 일괄 추가 기능도 제공합니다. 사전에 소스 파일을 순서대로 정리해두었다면 한 번에 추가하여 작업을 더욱 효율적으로 진행할 수 있습니다.

▲ 여러 개의 파일을 한 번에 추가해 더욱 편리하게 작업할 수 있다

소스를 불러온 후에는 영상의 흐름과 스토리 전개에 맞춰 적절하게 배치하면 됩니다. CapCut의 타임라인의 조작은 매우 직관적이어서 프레임 단위로 소스를 세밀하게 조정할 수 있고, 컷 편집과 장면 전환도 간편하게 적용할 수 있습니다.

TIP 스냅(Snap) 기능을 활용하면 소스를 타임라인에 배치할 때 앞뒤 클립에 딱 맞춰 쉽게 정렬하고 불필요한 간격을 없앨 수 있습니다.

또한 멀티트랙(Multi-Track) 기능을 지원하므로 여러 개의 영상 클립과 오디오 트랙을 동시에 작업할 수 있습니다. 동영상을 제작할 때는 영상 외에도 배경음악, 효과음, 자막, 이미지 등 다양한 요소를 복합적으로 사용하는데, 이때 소스 파일을 기존 타임라인 위, 아래 빈 공간에 드래그하면 자동으로 트랙이 생성됩니다.

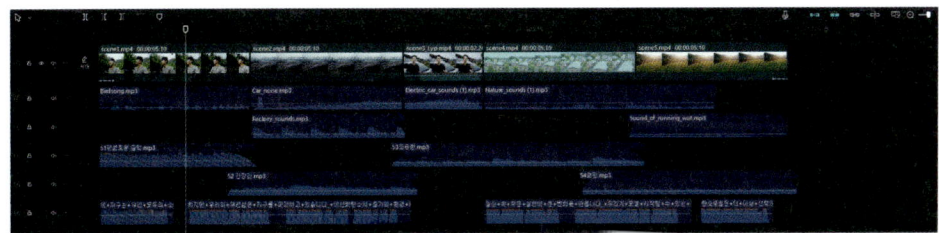

▲ 멀티트랙 기능을 활용해 다양한 소스를 배치한 예시

소스 배치가 끝나면 장면 간의 자연스러운 연결을 위해 전환(트랜지션) 효과를 추

가합니다. 전환 효과를 적절히 활용하면 영상이 보다 자연스럽고 부드럽게 진행됩니다.

예를 들어, 빠르게 전환되는 액션 장면에서는 페이드 아웃 대신 컷으로 전환 속도를 높일 수 있고, 감정의 흐름이 이어지는 장면에서는 디졸브(Dissolve) 효과를 사용해 부드럽게 연결할 수 있습니다.

▲ CapCut의 다양한 장면 전환 효과 예시

소스 파일을 모두 배치한 후에는 최종 검토 작업을 진행합니다. 미리 보기를 통해 영상을 처음부터 끝까지 전체적으로 확인합니다. 장면 간의 흐름, 오디오와 영상의 동기화, 효과음, 자막 등을 확인해야 합니다.

> **TIP** 최종 검토 단계에서는 내레이션과 자막의 싱크가 정확한지, 내레이션과 배경음악이 서로 조화를 이루며 적절하게 들리는지, 전환 효과는 어색하지 않은지 등 다양한 사항을 점검하며 마무리합니다.

최종 출력과 SNS 동시 업로드

편집 작업이 모두 끝나고 이상이 없다면 SNS에 업로드할 수 있도록 출력하는 작업을 거쳐야 합니다. CapCut에서 유튜브, 틱톡으로 바로 업로드하거나, 영상 파일로 출력한 후 각 플랫폼에 개별 업로드하는 등 여러분의 작업 방식에 맞게 진행하면 됩니다.

영상 출력 전 고려할 사항

영상을 출력하려면 작업 화면 오른쪽 상단의 [내보내기]를 클릭합니다. [내보내기] 대화상자에서 기본적인 파일명과 내보낼 위치를 지정하고, 영상의 해상도, 비디오 형식(포맷), 프레임 속도(프레임 레이트) 등을 설정합니다. 출력 전에 플랫폼별 권장 사양에 맞춰 해상도와 형식 등을 정확하게 선택해야 최적의 품질을 유지할 수 있습니다.

▲ 영상 [내보내기] 대화상자의 기본 설정 화면, 왼쪽 하단에서 최종 결과물의 길이와 예상되는 파일 크기를 확인할 수 있다

해상도 체크 : 가장 일반적으로 사용하는 1080p(Full HD)부터 플랫폼에서 지원하는 초고해상도 4K까지 다양한 해상도를 지원합니다. 플랫폼의 용도나 작품의 특성에 따라 적절한 해상도를 선택하면 됩니다. 일반적인 SNS 플랫폼에서는 1080p를, 고화질 콘텐츠나 상업용 영상은 4K 해상도를 활용합니다.

> **TIP** [해상도] 외에 [비트 전송률] 항목도 있습니다. 비트 전송률은 동영상 파일 내에서 영상을 담는 일종의 규격으로 CapCut에서는 보통 [추천]을 선택하면 적절하게 설정됩니다.

영상의 형식과 코덱 : 영상 형식(포맷)과 코덱은 최종 출력물의 품질과 파일 용량에 큰 영향을 미칩니다. CapCut은 대부분의 소셜 미디어 플랫폼에서 지원하는 표준 형식인 mp4 포맷을 주로 사용합니다. 코덱은 H.264가 고화질을 유지하면서도 파일 크기를 최적화할 수 있어 활용도가 높습니다.

> **TIP** 4K 영상이나 대용량 콘텐츠의 경우 H.265 코덱을 활용하면 더욱 효율적으로 압축할 수 있습니다.

프레임 속도 설정 : 프레임 속도는 영상의 움직임 품질을 결정합니다. 일반적인 콘텐츠에서는 30fps를 표준으로 많이 사용하며, 게임 영상이나 액션 장면처럼 역동적인 콘텐츠에는 60fps를 적용하면 더욱 부드럽고 자연스러운 화면을 구현할 수 있습니다.

▲ 영상 내보내기에서 기본적인 영상 출력을 설정한 예시, 앞서 설명한 설정 외에도 다양한 코덱, 형식, 프레임 속도를 지원한다

소셜 미디어 플랫폼 업로드 시 고려할 사항

CapCut에서 편집한 영상을 각 SNS 플랫폼에 업로드할 때는 플랫폼별로 요구하는 비디오 사양과 해상도를 반드시 확인하고, 이에 맞춰 출력 설정을 해야 합니다.

유튜브는 전 세계에서 가장 널리 사용되는 동영상 플랫폼으로, 다양한 해상도와 비디오 포맷을 지원합니다. 일반적으로 16:9 비율의 1080p 또는 4K 해상도, 30~60fps의 프레임 속도가 권장됩니다. 쇼츠(Shorts)의 경우에는 9:16의 세로형 비율로 설정해 업로드해야 보다 자연스럽게 재생됩니다.

틱톡과 인스타그램 릴스는 짧은 길이의 세로형 영상에 최적화된 플랫폼입니다. 두 플랫폼 모두 9:16 비율의 세로형 영상을 기본으로 하며, 60초 이내의 짧은 영상이 주를 이룹니다.

공통으로 사용할 수 있는 출력 설정도 있습니다. 해상도는 1080p 또는 720p를 선택하고, 코덱은 H.264를 사용하면 적절한 품질과 파일 용량의 균형을 유지할 수 있습니다.

출력 후 SNS에 바로 업로드하기

CapCut은 최종 출력 후 SNS 플랫폼에 직접 업로드하는 기능을 지원합니다. 내보내기 작업이 완료되면 마지막 단계에서 유튜브와 틱톡에 바로 업로드할 수 있는 대화상자가 나타납니다. 이때 유튜브나 틱톡 계정을 미리 연동해두면 별도의 추가 절차 없이 바로 영상을 업로드할 수 있습니다. 또한 각 플랫폼에 최적화된 출력 옵션을 선택할 수 있어, 해상도나 형식을 따로 조정할 필요 없이 바로 게시할 수 있습니다.

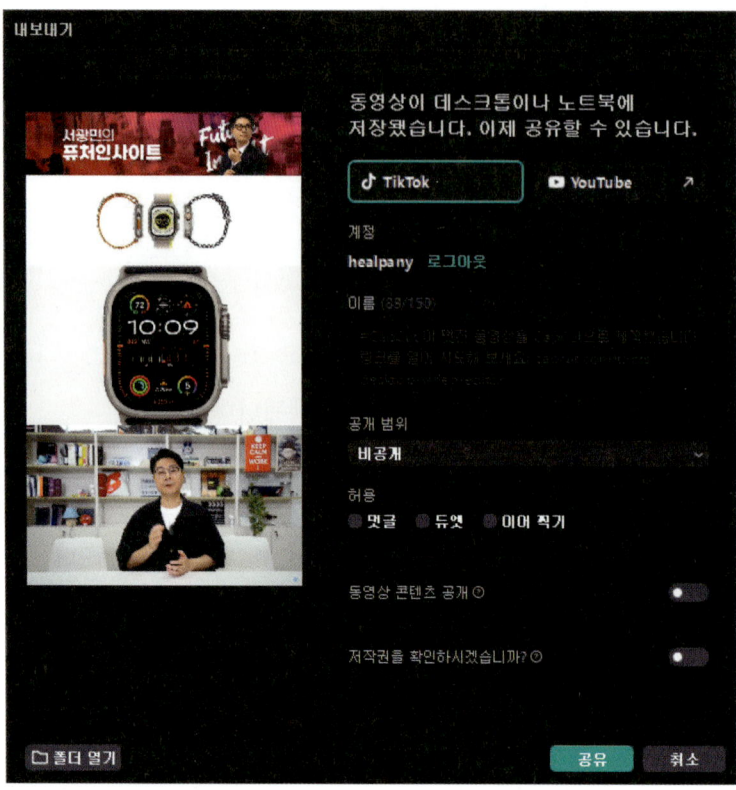

▲ 영상 출력이 완료되면 틱톡 또는 유튜브(쇼츠)로 바로 등록할 수 있다

최종 출력 전 플랫폼별 콘텐츠 미리 보기 기능을 제공하므로, 유튜브용 가로형 영상과 틱톡용 세로형 영상의 레이아웃을 사전에 확인할 수 있습니다. 이를 통해 출력 전 오류를 점검하고 필요한 수정 사항을 파악할 수 있습니다.

▲ CapCut으로 최종 편집한 영상을 계정 연동된 틱톡으로 바로 업로드하는 예시

MEMO

CHAPTER 03

하루 만에 완성하는 Runway 영상 제작 실전 프로젝트

LESSON 01

환경보호 홍보 영상 만들기 :
1분 영상

프로젝트 전체 과정 간단히 살펴보기

지금부터 실제로 진행했던 환경보호 홍보 영상 프로젝트의 제작 과정을 함께 따라가 보겠습니다. 이번에 만들어볼 영상은 총 러닝타임 1분으로, 홍보 성격이 강한 영상입니다.

1분이라는 길이가 짧게 느껴질 수 있지만, 초기 AI 영상 제작 실습은 짧은 러닝타임부터 시작하는 것이 효율적입니다. 영상 길이가 짧을수록 소요되는 크레딧이 적어 비용 관리가 수월하고, 여러 차례 실습을 통해 경험을 쌓기에도 유리합니다. 먼저 짧은 컷이나 에피소드 형태의 영상을 여러 개 만들어보며 감각을 익힌 후, 점차 긴 영상에 도전하는 것을 추천합니다.

본격적인 실습에 앞서 AI를 활용한 영상 제작의 전체 흐름을 간단히 정리해보겠습니다. AI 영상 제작은 사전 제작 단계나 복잡한 준비 과정이 전혀 필요하지 않습니다. 이번 프로젝트는 별도의 AI 이미지 없이, 프롬프트만으로 처음부터 끝까지 완성하는 방식으로 진행합니다.

01 ChatGPT의 맞춤형 도구인 GPTs를 활용해 콘텐츠의 핵심 메시지, 시나리오, 플롯, 스토리보드를 제작합니다.

02 GPTs를 활용해 등장인물, 캐릭터의 모습(외관)을 구체적으로 설정합니다.

03 스토리보드는 각 장면을 내레이션, 음향효과, 화면 구성으로 세분화하여 상세하게 기획합니다. 이렇게 구체화된 스토리보드는 AI 영상의 완성도를 결정하는 핵심 요소입니다. 완성된 스토리보드를 바탕으로 프롬프트를 만들어 Runway로 영상을 생성합니다.

04 AI로 내레이션과 대사를 생성한 후 Runway로 립싱크 작업을 진행합니다.

05 ElevenLabs로 음향 효과를 만들고 SUNO로 배경음악을 만듭니다.

06 영상과 내레이션, 음향효과, 배경음악 등 AI 영상 제작에 필요한 모든 소스를 장면별로 정리합니다.

07 최종적으로 CapCut에 각 소스를 불러오고 배치하여 영상 작업을 마무리합니다.

08 영상을 출력한 후, 유튜브나 틱톡 등 자신이 운영하는 채널에 업로드합니다.

ChatGPT와 Runway 유료 플랜 가입은 필수

프로젝트를 시작하기 위해 가장 먼저 해야 할 일은 필요한 AI 도구에 가입하고, 유료 플랜을 구독하는 것입니다. 원활한 실습 진행을 위해 다음 과정을 따라 준비해 보겠습니다.

01 GPTs를 원활하게 사용하려면 유료 서비스인 ChatGPT Plus 가입이 필요합니다. OpenAI 공식 웹사이트(openai.com)에서 월 구독 플랜을 확인하고 신용카드로 결제할 수 있습니다. 무료 계정으로도 GPTs를 사용할 수 있지만, 사용 시간과 기능에 제한이 있으므로 유료 구독을 권장합니다.

▲ 로그인 후 오른쪽 상단의 프로필을 클릭하고 [플랜 업그레이드]를 클릭한다

02 AI 영상 생성 플랫폼인 Runway는 기본적으로 유료 구독으로 사용합니다. 월간 또는 연간 구독 플랜을 선택할 수 있습니다. 당장 진행하는 실습에는 많은 크레딧이 소모되지 않으므로 가장 기본 플랜으로도 충분합니다.

03 음성, 음향 제작에는 ElevenLabs와 SUNO를 이용합니다. 두 서비스 모두 신규 가입자에게 제공되는 무료 크레딧을 활용해 실습을 진행합니다. 이후 여러분이 본격적으로 프로젝트를 시작할 때 유료 플랜으로 전환해도 됩니다.

04 내레이션과 음성 더빙 작업에는 CLOVA Dubbing을 사용합니다. 교육용 프로젝트 실습은 무료 계정으로 활용할 수 있으며, 상업적 목적으로 영상을 제작할 때는 유료 플랜으로 전환해야 합니다.

05 마지막으로 영상 편집 도구 CapCut을 활용합니다. 대부분의 기본 편집 기능이 무료로 제공되므로 교육용 실습에서는 무료 계정으로 충분합니다. 고급 편집 도구를 활용하려면 유료 결제가 필요하지만, 기본적인 편집만으로도 완성도 높은 영상을 만들 수 있습니다.

모든 도구 가입과 준비가 끝났다면, 이제 본격적인 AI 영상 제작을 시작해보겠습니다.

GPTs로 시나리오 작성하고 플롯과 장면 구성하기

01 먼저 필자가 직접 개발한 GPTs를 활용해 스토리보드와 시나리오를 작성해보겠습니다. 이 GPTs는 스마트폰 카메라로 아래 QR 코드를 인식하면 간편하게 접속할 수 있습니다.

▲ GPTs에 접속한 모습. 하단의 메시지 입력창에 지시 내용을 입력하면 된다

TIP 웹 브라우저 주소창에 https://m.site.naver.com/1zk62를 입력하고 바로 접속할 수도 있습니다. 단, ChatGPT 유료 구독 후 로그인되어 있어야 합니다.

TIP ChatGPT에 로그인한 후 왼쪽 메뉴에서 [GPT 탐색]을 클릭하고 uhbee_genmovie로 검색하여 바로 이용할 수도 있습니다.

02 영상을 제작할 주제(여기서는 '환경보호')를 정했다면, 주제에 맞는 핵심 메시지와 시나리오를 GPTs에 요청해보겠습니다. 프롬프트 작성 예시는 다음과 같습니다. GPTs는 입력한 주제에 적합한 메시지와 함께 기본적인 시나리오 구성을 제시합니다.

==='환경보호'에 관한 1분짜리 홍보 영상을 만들려고 해. 시청자들에게 어떤 메시지를 전달하면 좋을지 고민해주고, 그에 따른 시나리오를 만들어줘.===

환경보호에 관한 1분짜리 홍보 영상을 제작하려면, 간결하고 강렬한 메시지를 전달하는 것이 중요합니다. 이 영상은 시청자들에게 환경 문제의 심각성을 인식시키고, 작은 행동이라도 실천해야 한다는 동기를 부여해야 합니다. 다음과 같은 메시지를 고려할 수 있습니다:

메시지:
"작은 행동이 지구를 지킵니다. 우리가 살아가는 이 지구, 우리의 작은 변화로 보호할 수 있습니다."

시나리오 구조:

1. **씬 1: 지구의 아름다움 (0:00 - 0:15)**
   - **장면**: 카메라가 아름다운 자연 경관을 담습니다. 깨끗한 바다, 푸른 숲, 맑은 하늘 등. 평화롭고 고요한 분위기 속에서 새들이 날아다니고, 나비가 꽃을 날아다니는 장면이 펼쳐집니다.
   - **카메라**: 드론을 활용한 부드러운 패닝 샷. 상공에서 아래로 자연을 바라보며 천천히 움직이는 장면.
   - **내레이션**: "이 지구는 우리 모두의 집입니다. 우리가 보호해야 할 소중한 자산입니다."

2. **씬 2: 환경 파괴의 현실 (0:15 - 0:40)**
   - **장면**: 갑자기 장면 전환. 공장이 배출하는 연기, 쓰레기로 가득한 바다, 밀림이 벌목되는 장면이 급속도로 재생됩니다.
   - **카메라**: 빠른 컷 전환으로 환경 파괴의 충격적인 모습을 보여줍니다.
   - **내레이션**: "하지만 우리의 무관심은 지구를 파괴하고 있습니다. 공장 연기, 쓰레기, 무분별한 벌목이 우리의 미래를 위협하고 있습니다."

3. **씬 3: 변화를 위한 행동 (0:40 - 0:55)**
   - **장면**: 사람들이 일상 속 작은 행동으로 환경을 보호하는 장면. 재활용을 하는 사람, 나무를 심는 사람, 자전거를 타는 사람 등.
   - **카메라**: 클로즈업 샷으로 일상적인 행동들을 담아냅니다. 한 사람 한 사람의 작은 행동이 모여 큰 변화를 만들 수 있다는 메시지를 전달.
   - **내레이션**: "작은 변화가 큰 변화를 만듭니다. 일상 속 작은 실천이 지구를 지킬 수 있습니다."

4. **씬 4: 결론과 메시지 (0:55 - 1:00)**
   - **장면**: 깨끗한 지구와 웃고 있는 사람들의 얼굴이 다시 화면에 나타납니다.
   - **카메라**: 카메라가 점점 멀어지면서 지구 전체를 보여주며 끝맺음.
   - **내레이션**: "작은 실천이 지구를 지킵니다. 당신의 행동이 변화를 만듭니다."

▲ GPTs에게 주제에 따른 메시지, 시나리오를 요청한 결과 예시

TIP GPTs에서 출력되는 결과는 AI가 임의로 생성하기 때문에 매번 다르게 나옵니다. 실습 과정에서 예시와 다른 결과가 나타나더라도 그대로 진행해도 좋습니다. 또는 보다 만족스러운 결과를 얻고 싶다면 프롬프트를 수정해 다시 요청해보세요.

03 GPTs가 제시한 네 개의 씬과 배분된 시간을 바탕으로 시나리오에 '탄소중립' 개념과 남성 주인공을 추가해봅시다. 프롬프트를 작성할 때 더 나은 결과를 얻기 위해 다음과 같이 역할 설정을 포함해도 좋습니다.

> 좋아. 너는 최고의 홍보영상 시나리오 작가야. 위 내용에 한 가지 내용을 더 추가하고 싶어. 탄소중립에 관한 내용을 넣어서 시나리오를 완성해줘!

 탄소중립은 현재 전 세계적으로 중요한 이슈이며, 환경 보호와 관련된 실천 중 하나로써, 이 메시지를 추가하면 더 효과적인 홍보 영상이 될 것입니다. 기존 시나리오에 탄소중립 메시지를 포함해 다음과 같이 완성하겠습니다:

완성된 시나리오:

1. **씬 1: 지구의 아름다움 (0:00 - 0:15)**
   - **장면**: 카메라가 아름다운 자연 경관을 담습니다. 깨끗한 바다, 푸른 숲, 맑은 하늘 등. 평화롭고 고요한 분위기 속에서 새들이 날아다니고, 나비가 꽃을 날아다니는 장면이 펼쳐집니다.
   - **카메라**: 드론을 활용한 부드러운 패닝 샷. 상공에서 아래로 자연을 바라보며 천천히 움직이는 장면.
   - **내레이션**: "이 지구는 우리 모두의 집입니다. 우리가 보호해야 할 소중한 자산입니다."

2. **씬 2: 환경 파괴의 현실 (0:15 - 0:35)**
   - **장면**: 갑자기 장면 전환. 공장이 배출하는 연기, 쓰레기로 가득한 바다, 밀림이 벌목되는 장면이 급속도로 재생됩니다.
   - **카메라**: 빠른 컷 전환으로 환경 파괴의 충격적인 모습을 보여줍니다.
   - **내레이션**: "하지만 우리의 무관심은 지구를 파괴하고 있습니다. 공장 연기, 쓰레기, 무분별한 벌목이 우리의 미래를 위협하고 있습니다."

3. **씬 3: 탄소중립 실천의 필요성 (0:35 - 0:50)**
   - **장면**: 도시의 자동차에서 배출되는 매연, 공장 굴뚝에서 나오는 짙은 연기 장면이 빠르게 이어진 뒤, 사람들이 나무를 심고, 전기차를 운전하고, 태양광 패널을 설치하는 모습을 비추면서 탄소중립을 실천하는 모습으로 전환됩니다.
   - **카메라**: 자동차 매연 장면은 로우 앵글에서 느리게, 사람들의 실천 장면은 다양한 각도로 빠르게 전환.
   - **내레이션**: "탄소중립, 이제는 선택이 아닌 필수입니다. 우리는 더 이상 이산화탄소를 배출할 여유가 없습니다. 지금부터 우리의 탄소발자국을 줄이는 실천을 해야 합니다."

4. **씬 4: 변화를 위한 행동 (0:50 - 0:58)**
   - **장면**: 사람들이 일상 속 작은 행동으로 환경을 보호하는 장면. 재활용을 하는 사람, 나무를 심는 사람, 자전거를 타는 사람 등.

- 카메라: 클로즈업 샷으로 일상적인 행동들을 담아냅니다. 한 사람 한 사람의 작은 행동이 모여 큰 변화를 만들 수 있다는 메시지를 전달.
- 내레이션: "작은 변화가 큰 변화를 만듭니다. 일상 속 작은 실천이 지구를 지킬 수 있습니다."

5. 씬 5: 결론과 메시지 (0:58 - 1:00)
- 장면: 깨끗한 지구와 웃고 있는 사람들의 얼굴이 다시 화면에 나타납니다.
- 카메라: 카메라가 점점 멀어지면서 지구 전체를 보여주며 끝맺음.
- 내레이션: "작은 실천이 지구를 지킵니다. 탄소중립, 지금 시작하세요. 당신의 행동이 변화를 만듭니다."

▲ 탄소중립에 관한 내용을 추가하여 시나리오를 완성한 예시

> 좋아! 그런데 내레이션을 할 남자 주인공이 한 명 필요해. 이 영상 주제와 어울리는 남성 캐릭터 1명을 자세하게 만들어줘. 30대 중반의 한국 남자면 좋겠어.

 영상 주제에 맞는 30대 중반 한국 남성 캐릭터를 아래와 같이 제안합니다. 이 캐릭터는 친근하면서도 책임감 있고, 환경 보호를 중요하게 생각하는 인물로, 시청자들이 쉽게 공감할 수 있도록 설정하였습니다.

캐릭터 프로필:
- 이름: 김준서 (Kim Jun-seo)
- 나이: 35세
- 직업: 환경 NGO 소속 캠페인 매니저
- 학력: 환경공학 학사, 기후변화 및 지속가능 발전 석사
- 거주지: 서울, 성북구
- 외모:
  - 평균 키(178cm)와 균형 잡힌 체격을 가지고 있으며, 단정한 인상.
  - 짧고 단정하게 깎은 흑발에 가벼운 수염(깔끔하게 정돈됨).
  - 친근한 얼굴과 선명한 눈빛으로 다가가는 인상을 줍니다.
  - 평소 정장을 입되, 넥타이보다는 깔끔한 셔츠나 니트를 주로 착용. 환경 캠페인 관련 행사에서는 편안한 청바지와 티셔츠, 가벼운 재킷을 입음.
- 성격:
  - 책임감 있고 진지함: 준서는 환경 보호와 탄소중립에 대한 깊은 신념을 가지고 있으며, 이를 자신의 삶의 목표로 설정하고 실천하고 있습니다.
  - 리더십: 팀을 이끄는 강한 리더십을 가지고 있으며, 환경 관련 프로젝트에서 많은 성과를 낸 경험이 있습니다. 늘 팀원들과 의견을 나누고 상호 존중하는 태도를 보입니다.
  - 친근함: 따뜻하고 친절한 성격 덕분에 사람들과 쉽게 소통하고, 자신의 의견을 설득력 있게 전달하는 능력이 뛰어납니다.
  - 실용적이고 현실적: 이상주의적인 면도 있지만, 현실에서 실행 가능한 환경 보호 방법을 찾는 데 집중하며, 작은 실천이 중요한 변화로 이어진다는 믿음을 가지고 있습니다.

▲ 내레이션을 진행할 남성 캐릭터 '준서'를 만드는 장면 예시

TIP GPTs에 요청할 때 '너는 최고의 영상 시나리오 작가야'처럼 역할을 부여하거나 결과물에 '좋아!' 같은 긍정적 반응을 프롬프트에 더해주면 더욱 좋은 결과가 나올 가능성이 올라갑니다.

04 기본적인 시나리오와 장면 구성 그리고 주인공까지 만들어졌습니다. 이제 이를 바탕으로 상세 플롯을 작성하여 완성도 높은 시나리오를 제작해보겠습니다. 이렇게 완성된 시나리오는 실제 영상 제작 과정에서 활용하기 쉽도록 씬 번호, 화면 설명, 내레이션, 음향효과 등이 포함된 표 형식의 스토리보드로 변환합니다.

> 좋아. 그럼 위 남성 주인공이 등장하며 시청자들에게 정보전달에 유익한 최상의 플롯으로 최종 시나리오 완료해줘. 너는 최고의 시나리오 작가야!

 감사합니다! 이제 김준서 캐릭터가 중심이 되어 정보 전달에 유익한 최종 홍보 영상 시나리오를 완성하겠습니다. **김준서**라는 캐릭터의 친근하면서도 책임감 있는 이미지와 메시지를 최대한 활용하여, 시청자들이 공감할 수 있는 동시에 실천할 수 있는 행동을 제안하는 구조로 최종 시나리오를 구성합니다.

최종 시나리오: 탄소중립과 환경 보호 홍보 영상 (1분)

1. 씬 1: 김준서의 첫 등장 - 지구의 아름다움 (0:00 - 0:12)
- **장면**: 화면에 푸른 숲과 맑은 강이 펼쳐지고, 상쾌한 바람이 나무 사이로 불어옵니다. 새들이 지저귀고, 나비가 날아다닙니다. 아름다운 자연 속에서 김준서가 산책하며 주변을 둘러봅니다. 그는 자연의 아름다움을 느끼며 천천히 걸음을 옮깁니다.
- **카메라**: 준서를 따라 움직이며 부드럽게 팬(pan)하는 샷. 숲과 자연의 조화를 클로즈업으로 보여주며 시청자의 감각을 자극.
- **대사 (김준서 내레이션)**:
  - "이 지구는 우리 모두의 소중한 집입니다. 우리가 보호해야 할 가장 소중한 자산이죠."

2. 씬 2: 환경 파괴의 현실 (0:12 - 0:30)
- **장면**: 갑자기 장면 전환. 대도시의 매연, 쓰레기로 가득 찬 바다, 벌목된 숲, 공장에서 나오는 검은 연기가 빠르게 이어집니다. 도시의 혼잡한 풍경 속에서 준서가 등장해 그 현실을 목격하며 무거운 표정을 짓습니다.
- **카메라**: 고정된 카메라로 빠르게 컷 전환하여 환경 파괴의 심각성을 시각적으로 강조. 준서의 표정을 클로즈업으로 포착.
- **대사 (김준서)**:
  - "하지만 우리의 무관심은 지구를 파괴하고 있습니다. 이산화탄소의 증가와 환경 파괴가 우리의 미래를 위협하고 있죠."

3. 씬 3: 탄소중립 실천의 필요성 (0:30 - 0:42)
- **장면**: 공장에서 나오는 매연을 배경으로 준서가 카메라를 응시하며 말합니다. 곧이어 사람들이 전기차를 운전하고, 재활용품을 분리수거하고, 태양광 패널을 설치하는 모습이 이어집니다.

- 카메라: 준서의 독백 후, 전기차와 재활용 장면 등은 부드럽게 줌아웃하며 각 행동을 클로즈업.
- 대사 (김준서):
  - "탄소중립은 더 이상 선택이 아닙니다. 지금 우리는 탄소발자국을 줄여야만 합니다. 우리가 지금 시작하지 않으면 미래는 없을지도 모릅니다."

4. 씬 4: 작은 실천으로 시작되는 변화 (0:42 - 0:55)
- 장면: 준서가 길을 걸으며 직접 실천하는 장면. 준서가 전기차에 탑승하고, 나무를 심는 사람들과 함께하는 모습, 그리고 플라스틱 쓰레기를 재활용하는 가족들의 모습을 보여줍니다. 모두가 환경 보호를 위한 작은 행동을 실천합니다.
- 카메라: 다양한 각도에서 촬영하며, 사람들의 실천을 클로즈업으로 보여줍니다. 준서가 나무를 심으며 웃는 모습이 강조됩니다.
- 대사 (김준서):
  - "일상 속 작은 실천이 큰 변화를 만듭니다. 재활용, 전기차 이용, 나무 심기... 우리가 오늘 시작할 수 있는 작은 행동들이 지구를 구할 수 있습니다."

5. 씬 5: 결론과 메시지 (0:55 - 1:00)
- 장면: 화면이 다시 아름다운 자연의 모습으로 돌아옵니다. 깨끗한 하늘과 푸른 숲, 건강한 강물이 흐르는 모습이 펼쳐집니다. 마지막 장면에서 준서가 카메라를 응시하며 미소를 짓습니다.
- 카메라: 준서를 클로즈업하며 서서히 줌아웃하여 자연과 어우러진 그의 모습을 보여줍니다.
- 대사 (김준서):
  - "지금, 작은 실천으로 우리의 지구를 지킵시다. 탄소중립, 오늘부터 시작하세요. 우리의 행동이 미래를 바꿀 수 있습니다."

영상 마무리:
- 글자 효과: 마지막 장면에서 "탄소중립, 당신의 작은 실천이 지구를 구합니다"라는 문구가 서서히 나타난 뒤 사라집니다.
- 음악: 희망적이고 밝은 음악이 서서히 흐르며 끝납니다.

▲ 플롯 기반의 시나리오가 완성된 예시

> 좋아! 이제 영상 제작 시 알아보기 쉽도록 최종 시나리오를 표 형식의 스토리보드로 만들어줘.

아래는 최종 시나리오를 표 형식의 스토리보드로 정리한 것입니다. 각 씬의 시간, 장면, 대사, 카메라 워크, 그리고 비주얼/사운드를 명확히 정리하여 영상 제작 시 쉽게 참고할 수 있도록 구성했습니다.

씬 번호	시간	장면 설명	대사	카메라 워크	비주얼/사운드
씬 1	0:00 - 0:12	김준서 등장 - 자연 속 산책	"이 지구는 우리 모두의 소중한 집입니다. 우리가 보호해야 할 가장 소중한 자산이죠."	드론으로 숲을 천천히 따라다니며 김준서를 패닝 촬영. 클로즈업으로 자연의 아름다움 강조.	새소리, 물 흐르는 소리, 산들바람 소리. 평화로운 분위기의 배경음.
씬 2	0:12 - 0:30	환경 파괴의 현실 - 도시의 매연과 쓰레기	"하지만 우리의 무관심은 지구를 파괴하고 있습니다. 이산화탄소의 증가와 환경 파괴가 우리의 미래를 위협하고 있죠."	도시 속 공장 매연, 벌목된 숲을 빠른 컷 전환. 김준서의 걱정스러운 표정 클로즈업.	차 소음, 공장 소리. 긴장감을 높이는 사운드로 전환.
씬 3	0:30 - 0:42	탄소중립 실천의 필요성 - 전기차, 재활용, 태양광 패널	"탄소중립은 더 이상 선택이 아닙니다. 지금 우리는 탄소발자국을 줄여야만 합니다."	전기차를 운전하는 사람, 재활용, 태양광 패널 설치 장면을 줌아웃하며 보여줌.	조용한 배경음. 전기차 소리와 함께 사람들의 실천 장면 소리 강조.
씬 4	0:42 - 0:55	변화를 위한 작은 실천 - 나무 심기, 자전거 타기	"일상 속 작은 실천이 큰 변화를 만듭니다. 우리가 오늘 시작할 수 있는 작은 행동들이 지구를 구할 수 있습니다."	김준서가 나무를 심는 장면과 가족들이 재활용하는 장면을 클로즈업. 다양한 각도에서 촬영.	희망적인 배경음. 자연의 소리. 사람들이 활동하는 소리가 어우러짐.
씬 5	0:55 - 1:00	결론 - 자연 속 김준서 클로즈업	"지금, 작은 실천으로 우리의 지구를 지킵시다. 탄소중립, 오늘부터 시작하세요. 우리의 행동이 미래를 바꿀 수 있습니다."	김준서를 클로즈업, 점점 줄어웃하여 자연과 어우러진 장면으로 마무리.	희망적이고 감동적인 배경음이 절정으로 올라감. 자연의 소리가 섞여 마무리됨.
마무리	1:00	메시지 자막: "탄소중립, 당신의 작은 실천이 지구를 구합니다"	없음	자연 장면과 함께 자막 등장.	희망적인 음악이 서서히 잦아듦.

↓

스토리보드 설명:

- **씬 1**: 준서가 자연 속에서 산책하는 모습을 부드럽게 패닝하면서 지구의 아름다움을 시각적으로 보여줍니다. 평화로운 자연의 소리와 함께 내레이션이 시작됩니다.
- **씬 2**: 빠른 컷 전환을 통해 환경 파괴의 현실을 보여줍니다. 준서의 표정 클로즈업으로 감정 전달이 이루어지며 긴장감 있는 사운드로 전환됩니다.
- **씬 3**: 전기차, 재활용, 태양광 패널 등의 장면을 줌아웃하며 보여주고, 조용한 배경음과 함께 실천을 강조하는 내레이션이 나옵니다.
- **씬 4**: 준서가 나무를 심고 자전거를 타는 장면을 클로즈업으로 촬영하며, 사람들이 실천하는 장면을 다양한 각도에서 담아냅니다. 희망적인 배경음이 어우러집니다.
- **씬 5**: 김준서의 얼굴을 클로즈업으로 보여준 후, 점점 줄어웃하며 자연과 어우러진 장면을 마무리합니다. 마지막 메시지와 함께 자막이 등장합니다.

이 스토리보드는 영상 제작 시 참고하여 각 장면의 구도와 감정 전달을 구체화하는 데 도움이 될 것입니다.

▲ 최종 결과물로 출력된 스토리보드 예시, 스토리보드에는 효과음도 함께 포함되어 있다

05 이제 스토리보드 작성이 완료되었습니다. 앞서 제시한 프롬프트 예시를 참고하여 자신만의 내용으로 응용해보는 것도 좋습니다.

GPTs에 프롬프트를 입력할 때는 너무 어렵게 생각하지 않아도 됩니다. 마치 지인과 대화하듯 편하게 입력하면 됩니다. 모르는 부분이 있다면 잘 모르겠으니 자세히 설명해줄래?라고 요청하거나, 이 장면을 더 부각시켜 줘와 같이 프롬프트를 입력합니다.

GPTs로 장면별 프롬프트 만들기

완성된 스토리보드를 바탕으로 영상 생성에 필요한 프롬프트도 만들어보겠습니다. 스토리보드 완성 이후 이 단계가 특히 중요합니다. 스토리보드의 내용을 바탕으로 생성한 프롬프트가 Runway의 영상 생성에 직접적인 영향을 미치기 때문입니다.

Runway Gen-3의 Alpha와 Turbo 버전에서 사용되는 프롬프트 구조를 다시 한번 확인해보겠습니다.

[카메라 움직임]: [장면 설정], [추가 세부 정보]

▲ Runway 프롬프트 가이드에서 제시하는 3단계 입력 구조

영상을 생성하는 프롬프트에는 카메라 움직임, 장면 설정, 추가 세부 정보를 모두 입력해야 최상의 결과를 얻을 수 있습니다. 예를 들어볼까요? 단순히 열대 우림 한 가운데 서 있는 여성을 극적으로 표현하고자 할 때도 그녀가 어떤 복장을 하고 있는지, 무엇을 들고 있는지, 어떤 분위기의 열대우림인지 등을 고민해 다음과 같이 프롬프트를 구성할 수 있습니다.

==Low angle static shot: The camera is angled up at a woman wearing all orange as she stands in a tropical rainforest with colorful flora. The dramatic sky is overcast and gray.==
==(낮은 각도의 정지 촬영: 카메라는 열대 우림에 서 있는 오렌지색 옷을 입은 여성을 향해 각도를 맞춥니다. 주변에는 다채로운 식물이 있으며, 하늘은 흐리고 회색으로 극적인 분위기를 자아냅니다.)==

단, 프롬프트를 너무 자세하게 입력하면 Runway의 AI 모델이 너무 많은 요소를 전부 구현해 의도와 거리가 먼 영상이 나올 수도 있습니다. 따라서 의도에 따라 필수적인 부분, 일부는 AI가 임의로 처리해도 될 부분을 나누어 프롬프트를 구성해보는 것도 좋습니다.

01 완성된 스토리보드를 Runway Gen-3에 사용할 수 있는 프롬프트 형식으로 변환해보겠습니다. 아직 3단계 프롬프트 입력 방식이 아직 익숙하지 않더라도 걱정하지 않아도 됩니다.

실습에 사용하는 GPTs는 Runway Gen-3 프롬프드 구소에 맞춰 학습되어 있어, 한 줄만 입력해도 자동으로 프롬프트를 생성할 수 있습니다. 다만, 한 가지 주의할 점이 있습니다. **주인공이 등장하는 장면에서는 외모가 일관되게 유지되도록 이를 명확하게 강조**해야 합니다.

> 좋아. 너는 이제 최고의 영상 연출 감독이야. 스토리보드의 각 씬에 맞게 프롬프트 만들어줘. 그리고 김준서가 등장하는 장면에서는 캐릭터의 외모가 충분히 반영될 수 있도록 해줘.

 감사합니다! 이제 각 씬에 맞는 Runway Gen-3 프롬프트를 작성하겠습니다. 스토리보드의 모든 씬에 맞는 카메라 움직임, 장면 묘사, 김준서의 외모와 행동이 충분히 반영되도록 프롬프트를 구성합니다.

씬 1: 김준서 등장 - 지구의 아름다움

- **Low angle tracking shot**: The camera smoothly follows Kim Jun-seo as he walks through a lush, green forest. Jun-seo is a 35-year-old Korean man with short, neatly trimmed black hair and a light stubble. He is wearing a casual but neat outfit—simple trousers and a shirt with rolled-up sleeves. The surrounding nature is vibrant with tall trees, soft sunlight filtering through the leaves, and a flowing river nearby. Birds fly overhead, and butterflies flutter around him. His expression is calm and thoughtful.
- **Additional details**: Gentle sounds of the forest, including chirping birds and a soft breeze, add to the peaceful ambiance.

씬 2: 환경 파괴의 현실

- **Fast cut sequence**: The camera quickly shifts between different scenes showing environmental degradation. The first shot is a **wide-angle view** of a factory emitting thick black smoke into the air. The next shot zooms in on a **heavily polluted river filled with plastic waste**. Another scene shows **deforestation**, with barren land and tree stumps as far as the eye can see. Kim Jun-seo enters the frame with a worried expression, standing in front of a heavily industrialized cityscape, looking at the damage.
- **Additional details**: The sound intensifies, with the hum of city traffic and distant factory noise, creating a sense of urgency and concern.

씬 3: 탄소중립 실천의 필요성

- **Close-up shot**: The camera zooms in on Kim Jun-seo as he stands in front of a charging electric car. He speaks while gently resting his hand on the car. The shot then transitions to different examples of carbon neutrality actions—**installing solar panels on a roof**, **recycling bins being organized**, and **people using bicycles**. The camera moves fluidly between these actions, focusing on their importance.
- **Additional details**: The sound is quieter, with the hum of the electric car being charged and the sound of solar panels being installed, giving a sense of quiet responsibility.

씬 4: 작은 실천으로 시작되는 변화

- **Overhead tracking shot**: The camera hovers above a group of people planting trees, including Kim Jun-seo, who kneels down with a smile as he places a sapling into the ground. The scene shifts to families riding bicycles and sorting recycling at home. Each

> person is focused on their task, emphasizing that small actions lead to big change. Kim Jun-seo waves at a family as they pass by on their bicycles.
> - **Additional details**: Light, hopeful music plays in the background, combined with natural sounds like birds and wind, creating a sense of positive energy.

씬 5: 결론과 메시지
- **Slow zoom out**: The camera begins with a close-up of Kim Jun-seo smiling gently. He stands in a vibrant, green field with trees in the background, the sunlight casting a warm glow over the scene. As he speaks, the camera slowly zooms out, revealing more of the beautiful natural landscape around him. The words "탄소중립, 당신의 작은 실천이 지구를 구합니다" appear on the screen.
- **Additional details**: Calm, uplifting music swells as the camera pulls back, transitioning to an expansive view of the earth, symbolizing global unity and hope for the future.

▲ Runway Gen-3의 3단계 구조 프롬프트를 생성한 예시

02 생성된 결과물 중 '씬 5'의 프롬프트를 보면 "The words '탄소중립, 당신의 작은 실천이 지구를 구합니다' appear on the screen"과 같은 내용이 있습니다. 이 부분은 화면에 '탄소중립, 당신의 작은 실천이 지구를 구합니다'라는 텍스트를 표시해달라는 요청입니다.

씬 5: 결론과 메시지
- **Slow zoom out**: The camera begins with a close-up of Kim Jun-seo smiling gently. He stands in a vibrant, green field with trees in the background, the sunlight casting a warm glow over the scene. As he speaks, the camera slowly zooms out, revealing more of the beautiful natural landscape around him. The words "탄소중립, 당신의 작은 실천이 지구를 구합니다" appear on the screen.
- **Additional details**: Calm, uplifting music swells as the camera pulls back, transitioning to an expansive view of the earth, symbolizing global unity and hope for the future.

Runway Gen-3는 한글 텍스트를 정확하게 표현하는 데 한계가 있습니다. 따라서 이런 기술적 제한을 고려하여 해당 메시지를 간단한 영문 구호로 변경해달라고 추가로 요청했습니다.

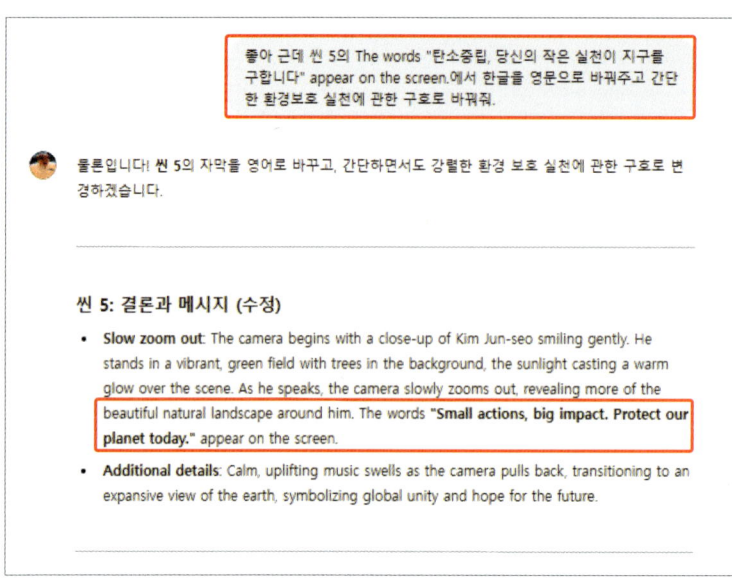

▲ 텍스트를 영문 구호로 바꾼 예시

생성한 프롬프트로 Runway에서 영상 생성하기

이제 준비된 프롬프트를 활용하여 Runway Gen-3 Alpha 버전에서 영상을 제작해 보겠습니다. Runway 웹사이트에 접속한 후, 스토리보드에 따라 씬 순서대로 영상을 생성합니다.

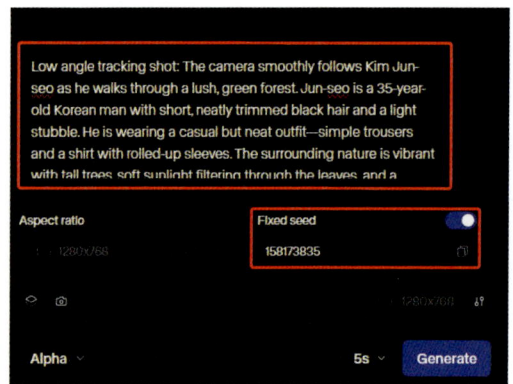

01 GPTs에서 생성한 첫 번째 씬의 프롬프트를 Runway Gen-3 Alpha에 붙여넣습니다. 영상의 일관된 분위기를 유지하기 위해 시드 넘버(Seed Number)를 고정하고, [Generate]를 클릭합니다.

TIP Runway Gen-3 Alpha에서 영상을 생성하는 기본 방법은 60쪽을, 시드 넘버를 고정하는 방법은 95쪽을 참고하세요.

02 영상이 생성됩니다. 생성된 영상을 검토하고 이상이 없다면 PC에 저장합니다.

03 씬 2의 프롬프트도 동일한 방식으로 작업합니다. 만약 영상 생성에 실패하거나 의도와 다른 결과가 나오면 다시 생성하면 됩니다. 이때 기존 시드 넘버를 유지하고 싶다면, 프롬프트 하단의 설정에서 시드 넘버를 직접 입력하면 됩니다.

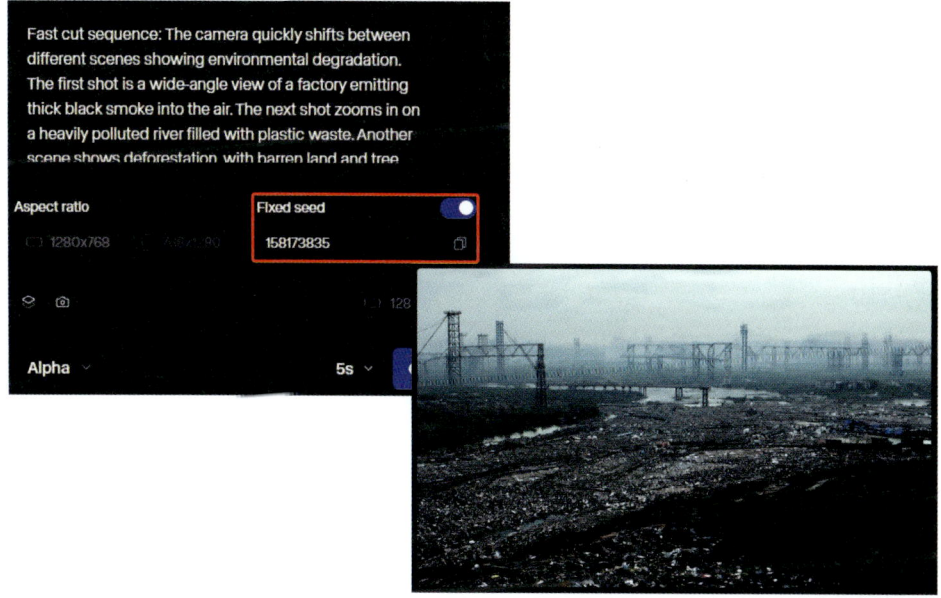

04 세 번째 씬도 동일하게 작업합니다. 이 씬에서는 주인공 '준서'가 다시 등장합니다. ❶ 캐릭터의 외모가 일관되도록 준서가 이전에 등장했던 씬과 시드 넘버를 동일하게 설정한 후 ❷ 프롬프트 내용을 입력합니다.

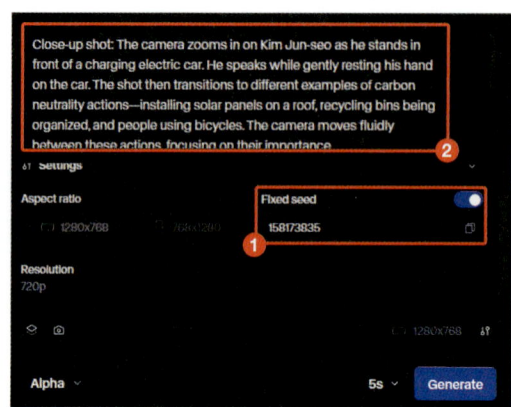

05 영상 생성이 완료됩니다. 생성된 영상을 검토하고 이상이 없다면 PC에 저장합니다.

06 씬 4, 5도 동일한 과정으로 작업합니다. 생성된 영상을 검토하고 이상이 없다면 PC에 저장합니다.

07 GPTs가 기본으로 생성한 시나리오에 일부 수정을 더해 최종 확정한 다섯 개 씬의 제작이 완료되었습니다.

TIP Runway 기본 작업 화면 왼쪽 메뉴의 [Assets]에서 생성한 영상 결과물을 한눈에 확인하고 다운로드할 수 있습니다.

단, 영상을 제작하는 과정에서 독자 여러분이 판단하기에 퀄리티가 아쉽거나 의도와 다른 장면이 생성될 수 있습니다. 이런 경우 프롬프트 내용을 수정하여 다시 생성하는 것이 좋습니다. 또한 이미 생성한 영상을 완전히 삭제하기보다는, 활용 가능한 부분을 선별하여 재구성하면 더욱 효율적으로 작업할 수 있습니다.

ElevenLabs로 효과음 만들기

이제 GPTs를 활용해 생성한 스토리보드를 기반으로 영상에 필요한 효과음, 배경음악, 내레이션을 차례로 제작하겠습니다.

이번 영상에는 새소리, 물 흐르는 소리, 산들바람 소리와 같은 자연음부터 자동차 소음, 공장 소리, 전기차 소리 등 다양한 효과음이 필요합니다. 배경음악은 평화로운 분위기, 긴장감을 고조시키는 사운드, 조용한 배경음 그리고 희망적이고 감동적인 음악이 필요합니다. 이러한 음향 요소와 함께 내레이션 대사를 작업한 후, Runway에서 주인공 '김준서'가 등장하는 장면에 립싱크(Lip Sync)를 적용하겠습니다.

먼저 효과음부터 생성해보겠습니다.

01 GPTs가 정리한 스토리보드 오른쪽의 '비주얼/사운드' 항목을 확인합니다. 필요에 따라 GPTs에 추가로 음향을 요청하거나 수정할 수도 있지만, 이번에는 스토리보드에 정리된 내용을 그대로 활용하겠습니다.

씬 번호	시간	장면 설명	대사	카메라 워크	비주얼/사운드
씬 1	0:00 - 0:12	김준서 등장 - 자연 속 산책	"이 지구는 우리 모두의 소중한 집입니다. 우리가 보호해야 할 가장 소중한 자산이죠."	드론으로 숲을 천천히 따라다니며 김준서를 패닝 촬영. 클로즈업으로 자연의 아름다움 강조.	새소리, 물 흐르는 소리, 산들바람 소리. 평화로운 분위기의 배경음.
씬 2	0:12 - 0:30	환경 파괴의 현실 - 도시의 매연과 쓰레기	"하지만 우리의 무관심은 지구를 파괴하고 있습니다. 이산화탄소의 증가와 환경 파괴가 우리의 미래를 위협하고 있죠."	도시 속 공장 매연, 벌목된 숲을 빠른 컷 전환. 김준서의 걱정스러운 표정 클로즈업.	차 소음, 공장 소리. 긴장감을 높이는 사운드로 전환.
씬 3	0:30 - 0:42	탄소중립 실천의 필요성 - 전기차, 재활용, 태양광 패널	"탄소중립은 더 이상 선택이 아닙니다. 지금 우리는 탄소발자국을 줄여야만 합니다."	전기차를 운전하는 사람, 재활용, 태양광 패널 설치 장면을 줄이웃하며 보여줌.	조용한 배경음. 전기차 소리와 함께 사람들의 실천 장면 소리 강조.

02 효과음 작업을 위해 ElevenLabs(elevenlabs.io)에 로그인합니다. ❶ 왼쪽 메뉴에서 [Sound Effects]를 클릭하면 ❷ 화면 중앙에 프롬프트 입력창이 나타납니다.

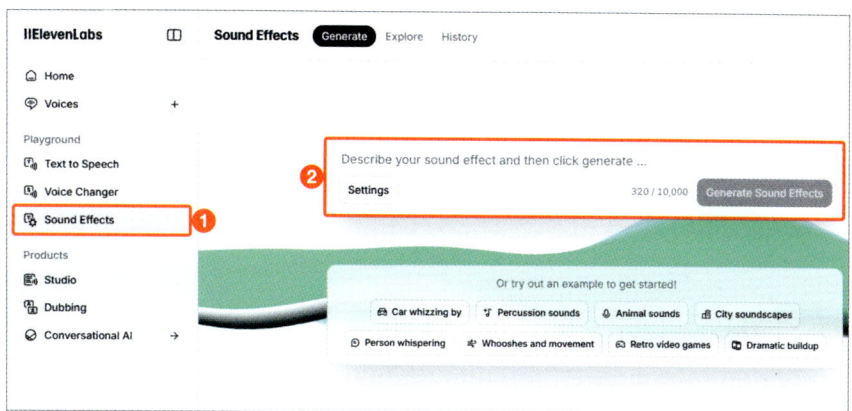

> **TIP** 신규 회원에게는 기본 크레딧이 제공되므로, 초기 작업은 유료 결제 없이 무료 크레딧만으로 진행할 수 있습니다.

03 ElevenLabs 프롬프트는 영문으로 입력해야 하므로, AI 기반 번역 서비스인 DeepL (deepl.com)을 활용하겠습니다. DeepL은 회원 가입 없이도 무료로 이용할 수 있습니다. ❶ 왼쪽에 한글 내용을 입력하면 ❷ 오른쪽에 영문(대안 번역) 내용이 나타납니다. 해당 내용을 복사합니다.

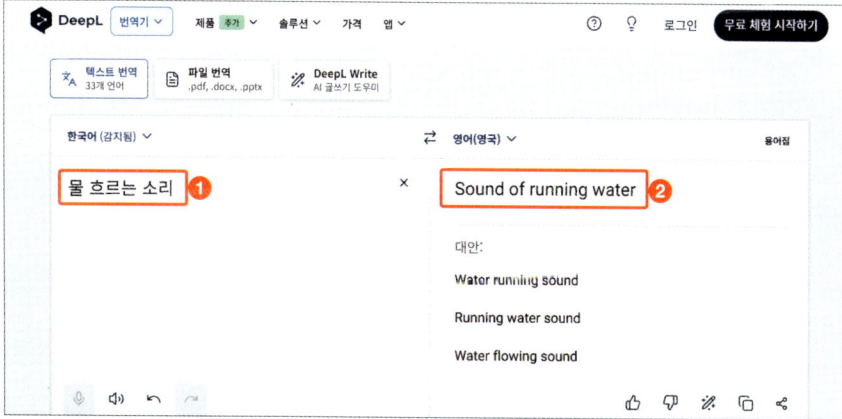

> **TIP** 왼쪽에 한글을 입력하면 자동으로 한국어가 감지됩니다. 오른쪽은 기본이 영어 번역이므로 별도의 조작이 필요하지 않습니다.

04 DeepL로 생성한 프롬프트 <mark>Sound of running water(물 흐르는 소리)</mark>를 ElevenLabs 프롬프트로 입력해보겠습니다. [Generate Sound Effects]를 클릭하면 바로 효과음이 생성됩니다.

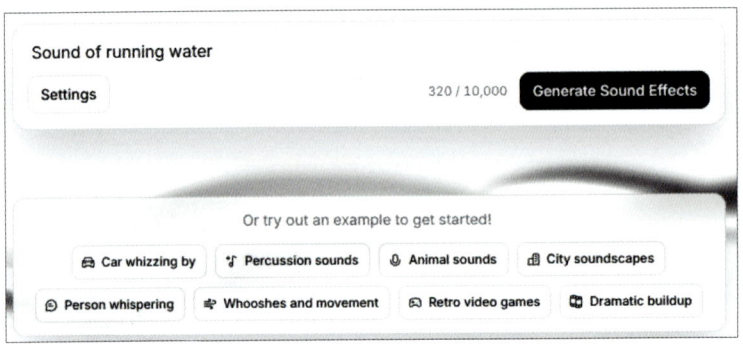

05 이번 영상에 필요한 효과음은 새소리, 물 흐르는 소리, 산들바람 소리, 차 소음, 공장 소리, 전기차 소리, 자연의 소리입니다. 이제 이들 효과음을 차례로 생성하겠습니다. 생성된 효과음은 미리 들어볼 수 있으며, 원하는 효과음을 선택해 다운로드합니다.

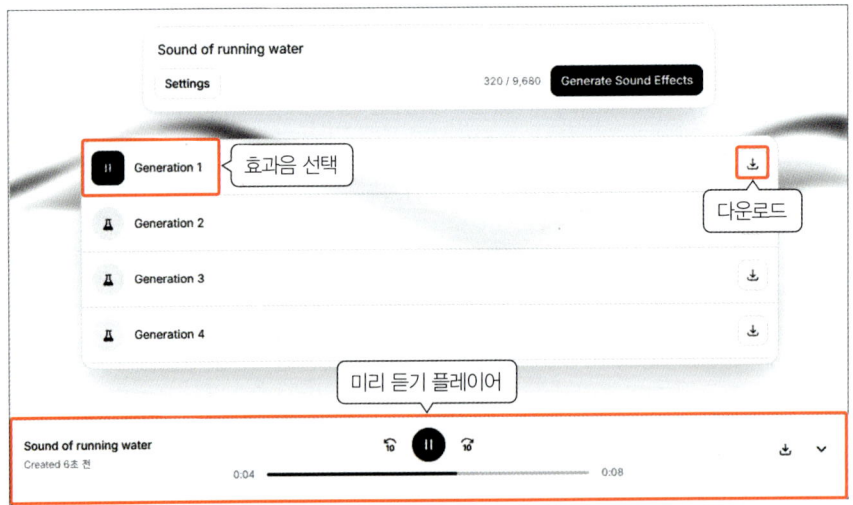

> **TIP** ElevenLabs는 최초 무료 회원 가입 시 10,000크레딧이 제공되며, 간단한 효과음 하나에 약 320크레딧이 소모됩니다.

SUNO로 배경음악 만들기

생성형 AI 음악 제작 서비스인 SUNO(수노)를 활용해 배경음악을 제작해보겠습니다. 제작할 배경음악은 평화로운 분위기의 음악, 긴장감을 높이는 사운드, 조용한 배경음 그리고 희망적이고 감동적인 배경음, 이렇게 네 가지입니다. 각각 필요한 프롬프트는 DeepL을 활용하여 미리 생성한 후 진행합니다.

01 SUNO(suno.com)에 로그인합니다. 홈 화면의 왼쪽 메뉴에서 [Create]를 클릭하여 음악 제작을 시작합니다.

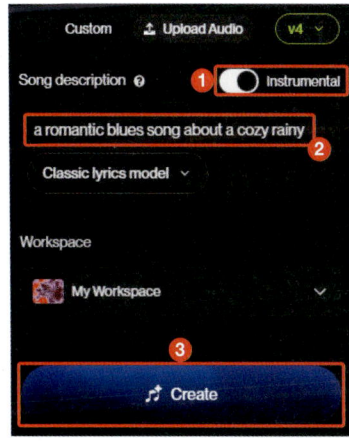

02 [Song description] 영역에 음악의 분위기를 영문으로 입력합니다. 이때 ❶ [Instrumental] 옵션을 체크하면 보컬이 없는 순수 배경음악이 생성됩니다. ❷ DeepL로 작성한 영문 프롬프트를 입력창에 붙여 넣고, ❸ 아래쪽 [Create]를 클릭합니다.

> **TIP** 첫 번째로 평화로운 분위기의 음악을 만들기 위해 DeepL에서 다음과 같은 영문 프롬프트를 생성했습니다. a romantic blues song about cozy rainy(비오는 분위기의 편안하고 로맨틱한 블루스 음악)

03 SUNO는 한 번 생성할 때마다 두 개의 곡을 제공합니다. 미리 듣기를 통해 두 곡 중 영상에 적합한 음악을 선택합니다. 만족스럽지 않다면 다시 생성합니다.

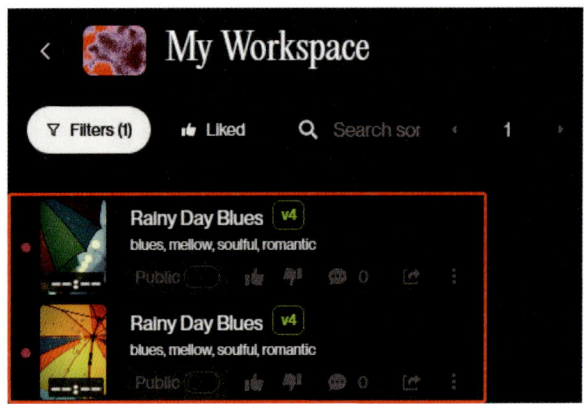

TIP 생성한 음악은 SUNO 기본 작업 화면 왼쪽의 [Library] 메뉴에서 모두 확인할 수 있습니다.

04 생성한 음악의 ❶ ■를 클릭하고 ❷ [Download]-[MP3 Audio]를 선택하면 다운로드할 수 있습니다. 영상에 필요한 네 가지 배경음악 모두 동일한 방법으로 제작하고 다운로드합니다.

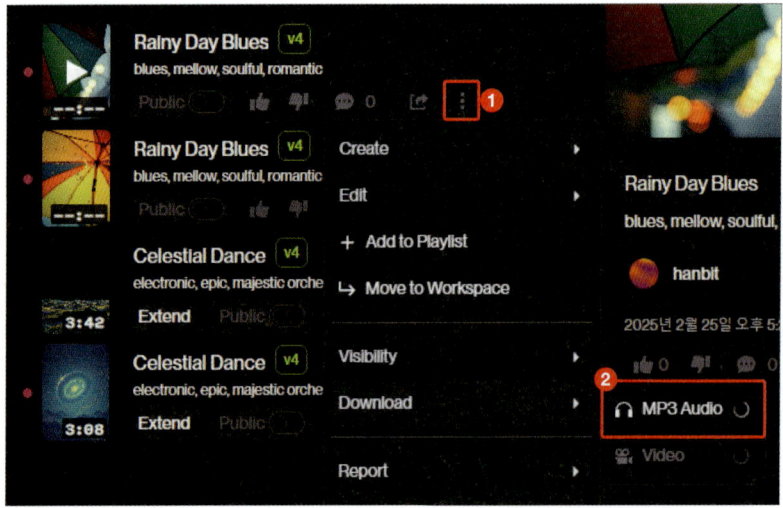

CLOVA Dubbing으로 내레이션 만들기

다음 단계로 CLOVA Dubbing(clovadubbing.naver.com)을 활용하여 영상에 필요한 내레이션과 대사를 제작하겠습니다. 먼저 CLOVA Dubbing 서비스에 회원 가입한 후 로그인합니다.

01 첫 화면에서 ❶ [새 프로젝트]를 클릭합니다. [새 프로젝트 만들기] 대화상자가 나타나면 ❷ [콘텐츠 종류]에서 [오디오]를 선택합니다. ❸ [프로젝트명]에 원하는 프로젝트명을 입력하고 ❹ [생성]을 클릭합니다.

02 오른쪽의 [AI 보이스 설정]을 확인해보면 기본 AI 성우로 '아라'가 설정되어 있습니다. ❶ 이 부분을 클릭하고, 30대 남성 주인공 캐릭터에 어울리는 음색의 성우를 선택합니다.

❷ [전체 보이스 보기]를 클릭하여 다양한 AI 성우를 확인합니다.

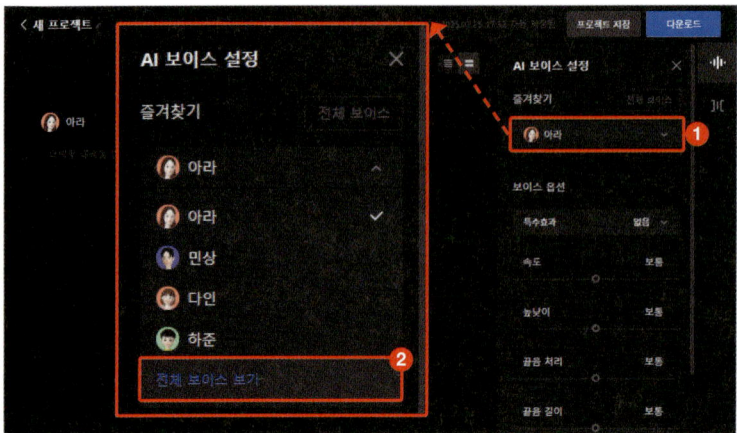

TIP 기본 제공되는 AI 보이스를 그대로 사용할 수도 있지만, [보이스 옵션]에서 특수효과와 속도, 높낮이(피치), 끝음 처리와 길이, 볼륨 조절 등 다양한 옵션을 세부적으로 조정할 수 있습니다. 이번 실습에서는 기본 설정을 그대로 사용합니다.

03 전체 보이스에서 자신의 캐릭터에 어울리는 AI 성우를 찾아 목소리를 들어보고 선택합니다. ❶ 왼쪽 설정에서 [내레이션], [남성], [청년], [한국어] 옵션을 각각 선택하면 해당 조건에 맞는 AI 성우가 표시됩니다. ❷ 여기서는 중저음의 목소리를 가진 [민상]을 선택했습니다.

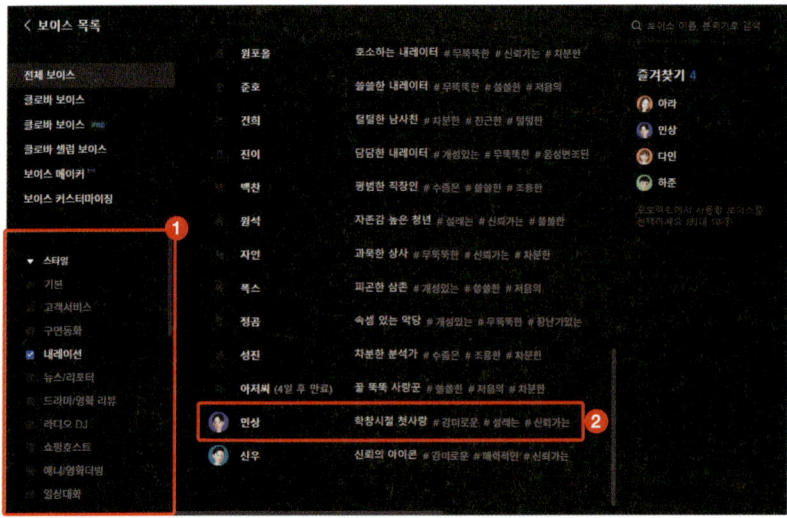

04 이제 성우 선택이 완료되었으니, 내레이션 대본을 입력합니다. ❶ 씬 #1의 **이 지구는 우리 모두의 소중한 집입니다. 우리가 보호해야 할 가장 소중한 자산이죠.** 내용을 입력하고 ❷ [저장]을 클릭합니다.

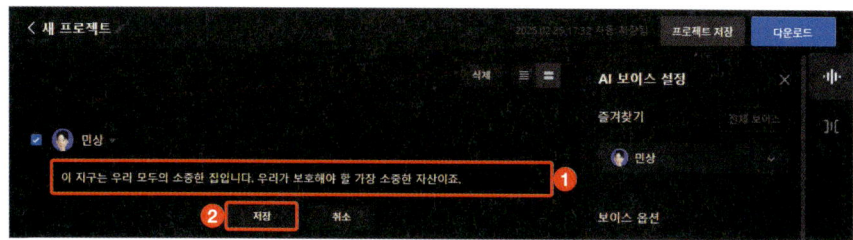

05 잠시 기다리면 내레이션이 생성됩니다. ❶ ▶를 클릭해 미리 들어보고 이상이 없다면 ❷ ⬇를 클릭해 저장합니다.

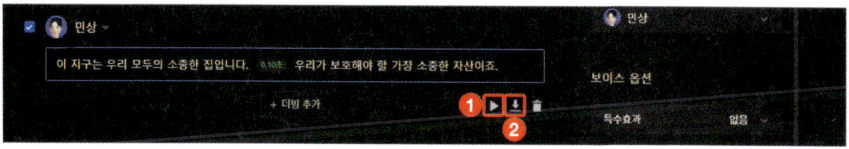

TIP 생성된 내레이션이나 대사가 마음에 들지 않으면 🗑를 클릭해 삭제할 수 있습니다.

06 [더빙 추가]를 클릭해 나머지도 동일하게 작업합니다. 내레이션과 대사는 GPTs에서 생성한 내용을 활용하여 총 다섯 개를 제작합니다.

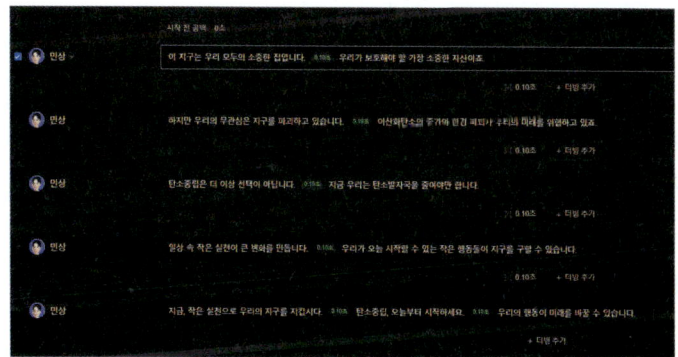

07 생성 완료된 다섯 개의 내레이션을 모두 다운로드하고 정리합니다.

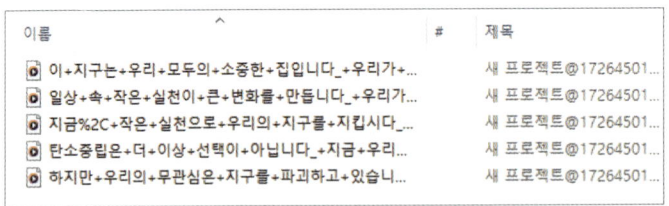

생성한 내레이션으로 영상에 립싱크 적용하기

내레이션과 대사 제작이 모두 완료되었습니다. 주인공 '준서'가 직접 대사하는 장면을 구현하기 위해 먼저 '씬 #1'에 립싱크를 적용해보겠습니다. Runway에 접속하고 씬 #1 영상을 불러옵니다.

01 Runway 기본 화면에서 왼쪽 ❶ [ASSETS]-[Private]을 클릭하면 작업한 영상 목록이 오른쪽 화면에 보입니다. ❷ '씬 #1' 영상을 클릭합니다.

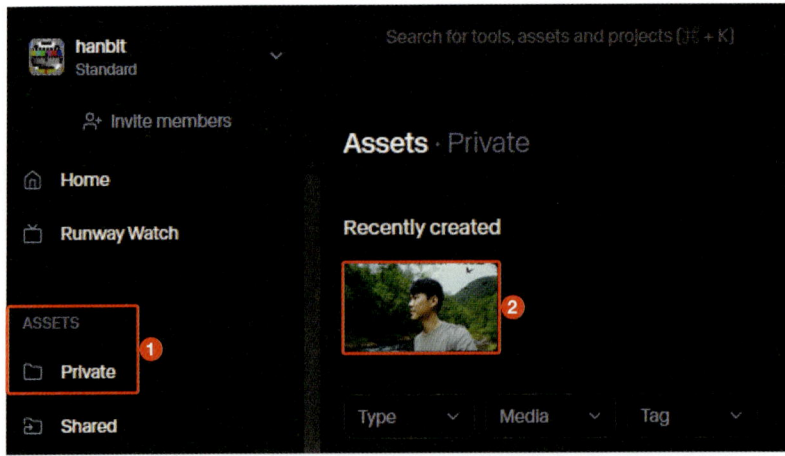

02 영상에 대한 프롬프트와 설정 정보 등이 나타납니다. [See in original session]을 클릭합니다.

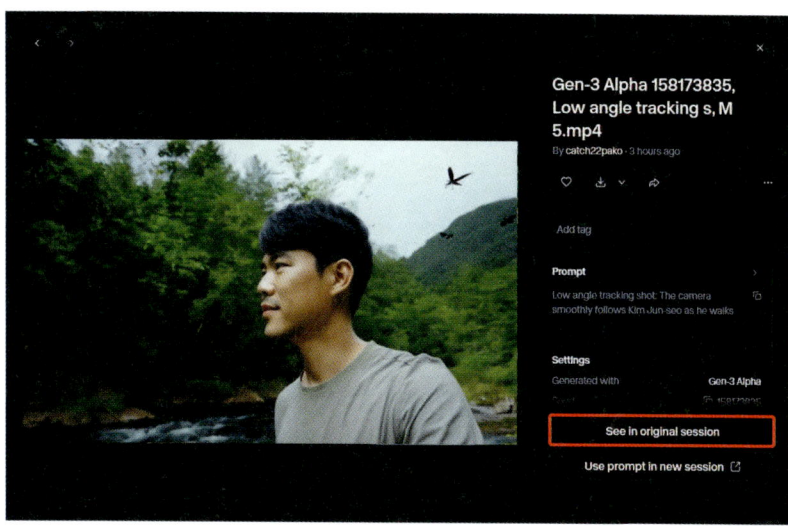

03 기존 작업 세션 화면이 나타납니다. '씬 #1' 영상의 오른쪽 상단에 위치한 ☰를 클릭합니다.

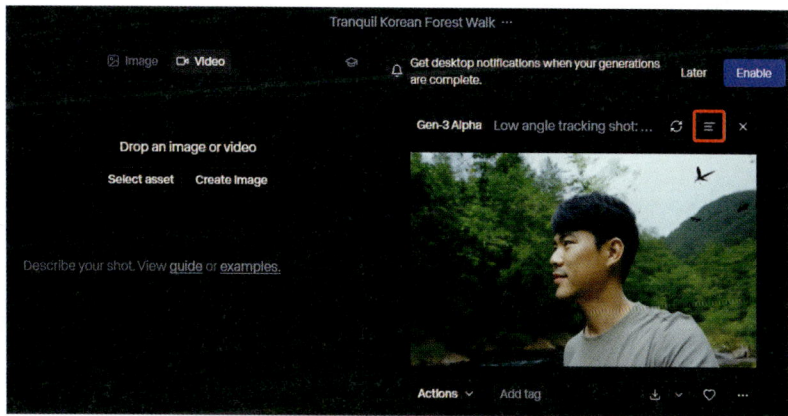

04 영상이 큰 화면으로 전환되고 하단에 여러 추가 작업 아이콘이 표시됩니다. 이 중에서 [Lip Sync]를 클릭합니다.

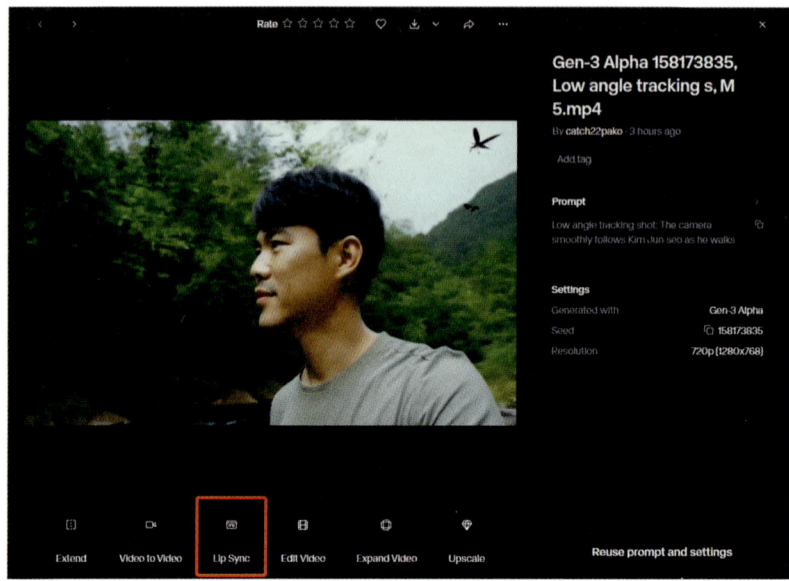

TIP [Extend]는 영상 길이를 늘리는 작업입니다. 만약 영상 길이가 대사보다 짧다면, Extend 기능으로 길이를 조정한 후 립싱크 작업을 진행합니다.

05 ❶ Runway가 자동으로 영상을 분석합니다. 최대 20초 정도 기다리면 준비가 완료됩니다. ❷ [Upload audio file]을 클릭하고 앞서 생성한 '이 지구는 우리 모두의 소중한 집입니다…'에 해당하는 음성 파일을 업로드합니다.

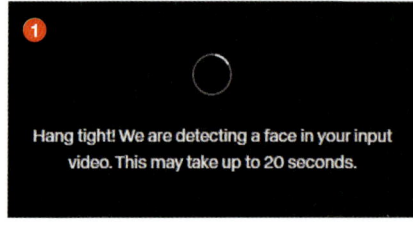 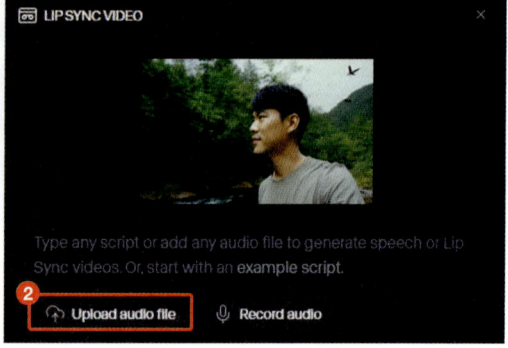

06 ❶ 음성 파일 업로드가 완료되면 미리 듣기로 파일이 올바른지 확인한 후 ❷ [Generate Lipsync]를 클릭합니다. 영상이 생성될 때까지 잠시 기다립니다.

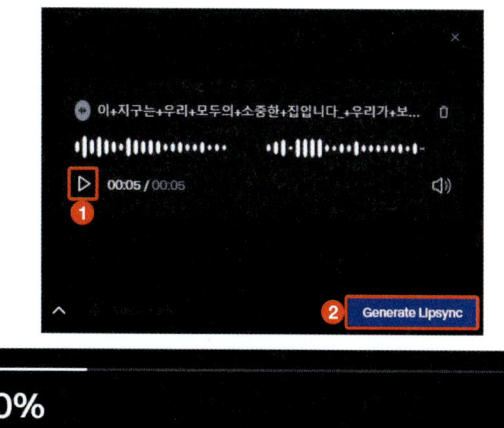

▲ 영상 생성이 진행 중인 모습

07 립싱크 작업 시도 중 에러가 발생했습니다. 이는 영상 속 인물의 얼굴이 너무 옆으로 기울어져 있어 립싱크 작업에 적합하지 않다는 의미입니다. 이때는 립싱크에 적합한 장면으로 계획을 변경해야 합니다. 인물이 정면을 바라보고, 빛이나 장면 변화가 크지 않은 영상이 이상적입니다.

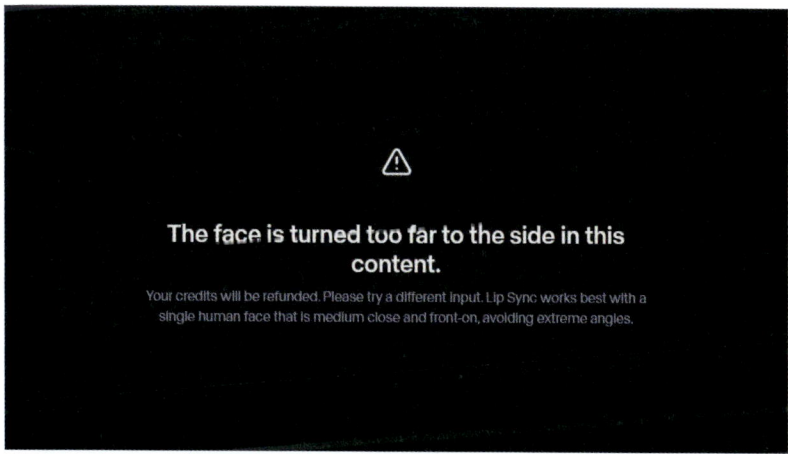

08 기존 스토리보드에서 씬 #1은 배경 내레이션으로 변경하고, 주인공이 정면을 향하고 있는 씬 #3을 대사로 처리하겠습니다. 앞서 진행한 것과 동일한 과정으로 씬 #3을 작업합니다.

TIP 다만, 씬#3이기 때문에 내레이션도 해당 씬에 맞는 오디오 파일을 업로드합니다.

09 립싱크가 적용된 영상을 확인한 결과, 대사 오디오가 캐릭터와 정확하게 결합되었고 영상도 문제없이 생성되었습니다. 해당 영상을 다운로드합니다.

10 Runway에서 생성한 영상은 기본적으로 1280×960(720p) 해상도로 제공됩니다. 고화질(3840×2160, 4K)로 업그레이드하려면 영상 하단의 [Actions]-[Upsclae to 4K]를 클릭합니다. 업스케일 작업에는 30크레딧이 소모됩니다. 다만, 지금은 간단한 실습 차원이므로 진행하지 않아도 좋습니다.

11 이제 모든 소스 준비가 완료되었습니다. 생성형 AI를 활용하여 영상, 내레이션, 효과음, 배경음악을 모두 제작했습니다. 이제 이렇게 준비된 소스들을 활용하여 최종 편집과 영상 출력을 진행하겠습니다.

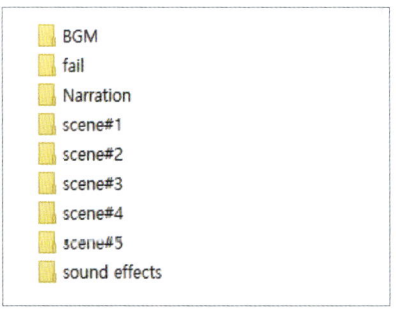

CapCut으로 최종 편집하고 출력하기

좋은 재료에서 훌륭한 요리가 탄생하듯이, 영상 제작에서도 품질 좋은 소스가 핵심입니다. 지금까지 생성형 AI를 활용하여 멋지고 완성도 높은 소스들을 함께 만들어 왔습니다.

1분 길이의 영상 소스를 제작하는 데 투입된 자원을 살펴보면, 단지 소정의 유료 구독료와 한 사람의 인력, 그리고 툴 적응도에 따라 다르겠지만 약 1시간 정도의 시간이 소요되었을 뿐입니다. 이는 과거에는 상상조차 할 수 없었던 놀랍도록 효율적인 제작 방식입니다.

이제 이렇게 준비된 소스들을 활용하여 본격적인 편집을 시작하겠습니다. 앞서 알아본 CapCut에서 프로젝트를 세팅하고 최종 편집을 진행합니다.

01 CapCut을 실행하고 메인 화면에서 ❶ [프로젝트 만들기]를 클릭합니다. ❷ [가져오기]를 클릭하고 ❸ 각 소스들을 순서대로 배치합니다.

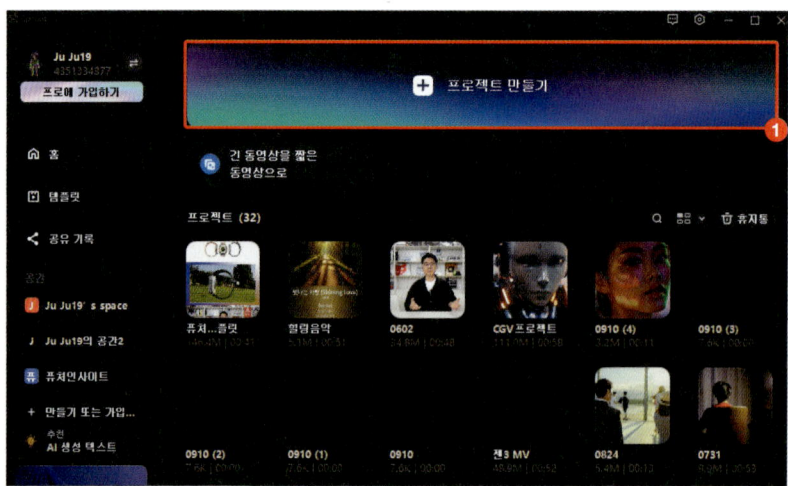

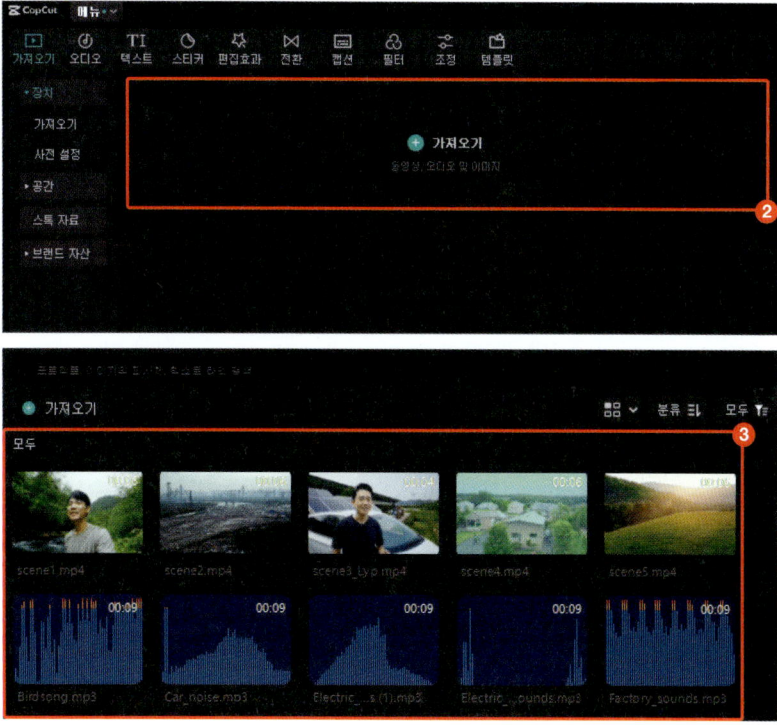

02 ❶ 각 소스를 트랙에 추가합니다. ❷ 먼저 영상을 배치한 후 효과음을 추가하고 길이를 알맞게 조절합니다.

03 영상과 효과음을 배치한 후 검토를 진행합니다. 장면 전환이 자연스러운지, 내레이션과 효과음 타이밍이 적절한지, 그리고 전체적인 분위기가 의도한 대로 구현되었는지 꼼꼼하게 확인합니다.

▲ 영상과 효과음 배치가 완료된 모습

04 다음으로 배경음악을 추가합니다. 배경음악은 영상의 전체적인 분위기를 결정짓는 중요한 요소이므로, 볼륨 레벨과 재생 길이 조절에 특히 주의를 기울입니다.

여러 개의 배경음악을 사용할 때는 특별한 주의가 필요합니다. 음악이 갑자기 끊기거나 다음 음악이 급하게 시작되는 것을 방지하기 위해 각각 다른 트랙을 사용합니다. 또한 페이드 아웃(Fade-out)과 페이드 인(Fade-in) 효과를 적용하여 음악이 자연스럽게 전환되도록 합니다.

❶ 사운드 클립에 표시된 선을 위아래로 드래그해 전체 볼륨을 조절할 수 있습니다. ❷ 마우스 포인터를 클립에 올리면 하얀색 점이 나타납니다. 이 점을 좌우로 드래그하여 페이드 인/아웃 효과를 간편하게 적용할 수 있습니다.

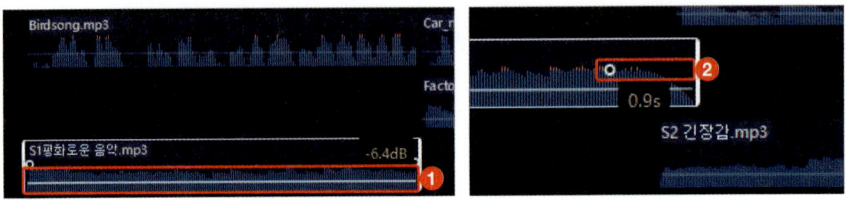

05 준비한 소스의 기본적인 배치가 완료되었습니다. 지금까지 기본 편집 과정을 빠르게 살펴보았습니다. 이외에도 제작자의 의도에 따라 다양한 효과를 추가해 영상의 완성도를 높일 수 있습니다. 영상 효과, 화면 전환, 타이틀, 자막 등을 활용하면 더욱 풍부하고 완성도 높은 결과물을 만들 수 있습니다.

TIP 여러분이 완성한 영상을 확인해보고 이상이 없다면 출력하는 과정도 진행합니다. 출력 방법은 116쪽에서 자세히 확인할 수 있습니다.

이렇게 Runway와 여러 생성형 AI로 소스를 만들고 CapCut을 활용해 편집까지 끝냈습니다. 이런 영상 제작 과정이 처음에는 다소 생소할 수 있지만, 1분짜리 홍보 영상을 두세 편 정도 제작해보면 금방 익숙해질 것입니다.

최종 결과물은 오른쪽 QR 코드를 스마트폰 카메라로 인식해 확인하거나 아래 주소로 접속해 확인할 수 있습니다.

주소 : https://m.site.naver.com/1EIt5

LESSON 02

화장품 광고 CF 제작하기 : 30초 광고

이번에는 이미지 생성 AI 도구인 Midjourney를 활용해 새로운 프로젝트를 진행해 보겠습니다. Runway의 프리셋 프롬프트 기능도 함께 사용하여 30초 길이의 화장품 광고 영상을 제작합니다.

이번 프로젝트의 전체 프로세스는 앞서 진행한 홍보 영상 제작과 유사합니다. 다만, 이번에는 Midjourney로 감각적인 고품질 이미지를 생성하고, Runway에서 프리셋 프롬프트를 활용하여 영상을 생성하는 과정이 추가됩니다. 이번 실습에서는 이 두 가지 과정을 중심으로 살펴보겠습니다.

Midjourney 유료 플랜 가입하기

이번 실습에서는 생성형 AI 이미지 제작 도구인 Midjourney를 사용합니다. 현재 공개된 다양한 AI 이미지 생성 도구 중 사용법이 가장 직관적이며, 높은 품질의 결과물을 제공하여 가장 널리 사용되고 있습니다.

01 먼저 Midjourney 웹사이트(midjourney.com)에 접속하여 회원 가입 후 로그인합니다.

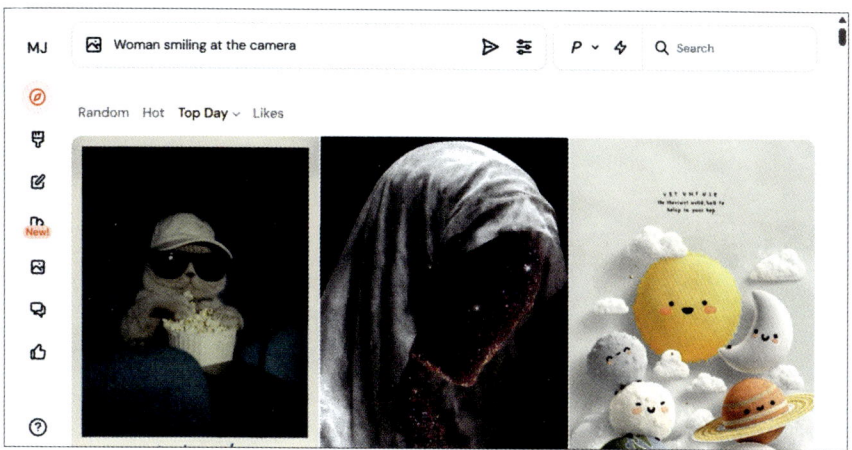

02 왼쪽 하단의 계정 정보를 클릭하고 [Manage Subscription]을 선택합니다. 실습에서는 월 $10의 Basic Plan을 사용해도 충분합니다. 유료 플랜 결제를 진행합니다.

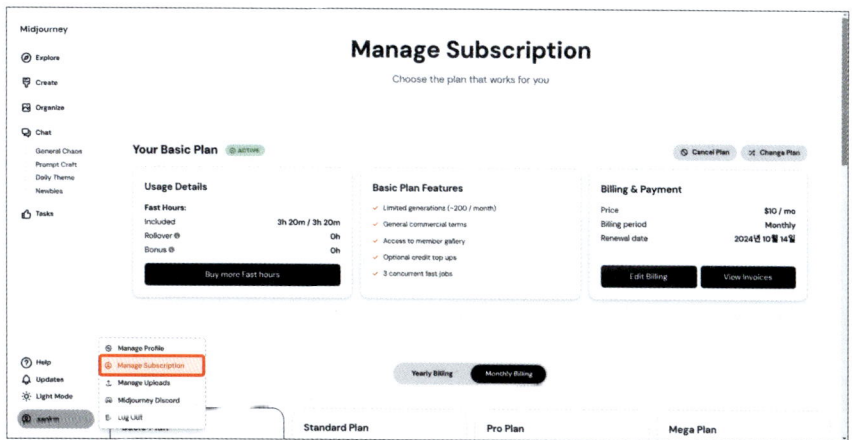

TIP 2025년 5월 기준 Basic Plan은 월별 결제 $10로 Midjourney 정책에 따라 가격이 인상될 수 있습니다.

Midjourney로 광고 모델, 제품 이미지 생성하기

이번에 만들어볼 영상은 여성 화장품 광고입니다. 먼저 Midjourney를 활용해 광고에 사용할 여성 모델 이미지를 생성해보겠습니다. Midjourney를 처음 사용하는 경우, 간단한 프롬프트만으로 높은 퀄리티의 결과물을 바로 얻기는 어렵습니다.

이러한 초기 어려움을 해결하기 위해 메인 화면의 [Explore(탐색)] 기능을 활용해 보겠습니다. 메인 화면 오른쪽 상단 검색창에 화장품 여성 모델과 관련된 영문 키워드를 입력하면, 다른 사용자들이 생성한 다양한 이미지 결과물을 참고할 수 있습니다.

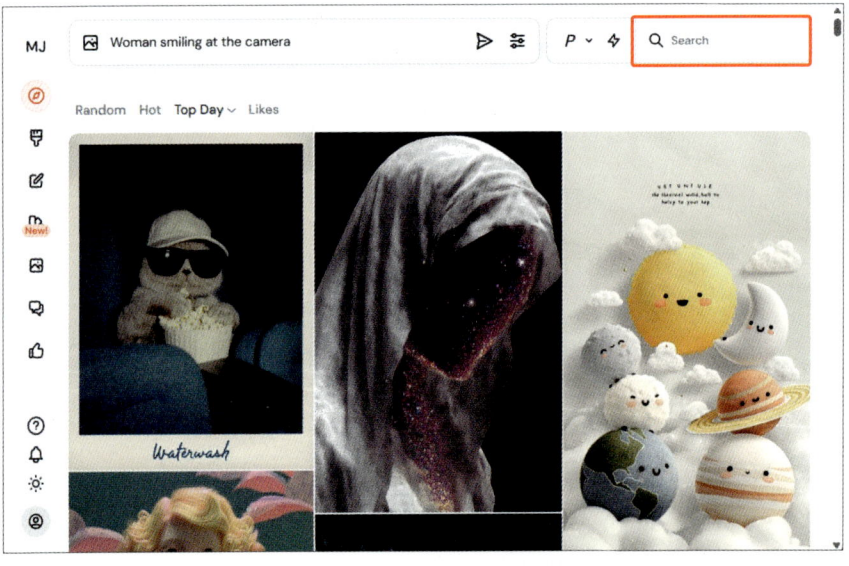

01 Midjourney 웹사이트의 메인 화면 검색창에 Cosmetics, oriental female model을 입력합니다. 검색 결과로 다양한 이미지가 표시됩니다. 원하는 스타일의 이미지가 있다면 클릭하여 상세 정보를 확인할 수 있습니다.

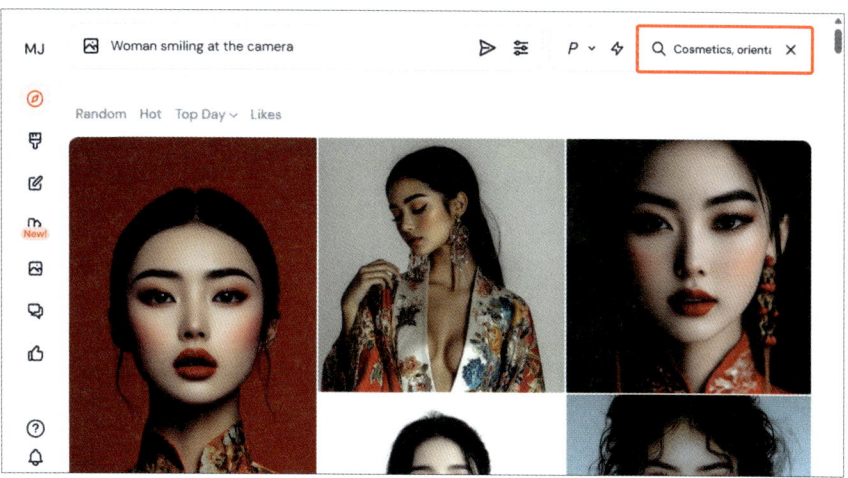

TIP [Explore] 기능을 활용하면 실시간으로 생성된 다양한 이미지를 참고할 수 있습니다. 검색할 때마다 결과가 달라질 수 있으므로, 원하는 이미지를 찾아 진행하면 됩니다.

02 실습에서 활용한 이미지는 다음과 같은 스타일입니다. 선택한 이미지를 큰 화면으로 자세하게 확인할 수 있습니다. 이미지의 프롬프트를 확인하고 오른쪽 하단의 [Prompt]를 클릭하면, 해당 이미지를 생성한 원본 프롬프트가 프롬프드 입력창에 자동으로 입력됩니다.

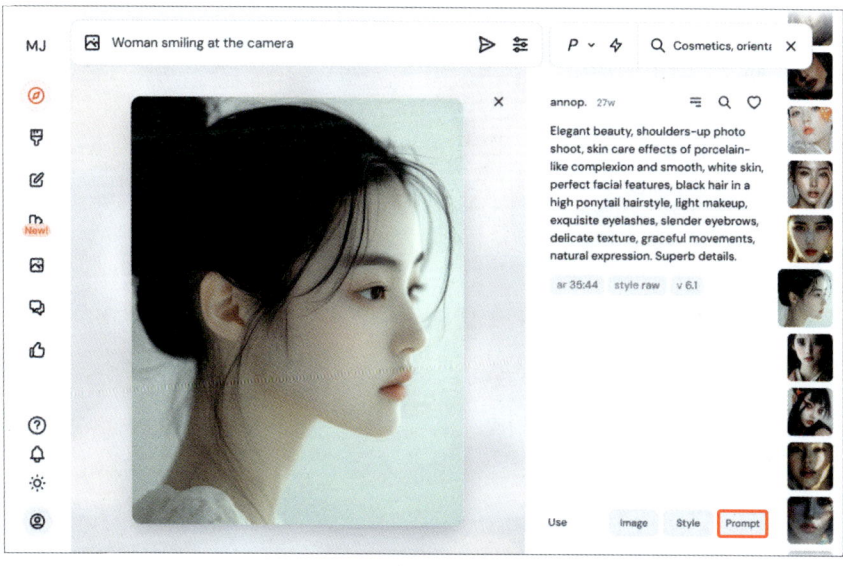

03 기존 프롬프트를 참고해 피부 톤, 헤어 스타일 등 원하는 요소를 수정하거나 추가하여 나만의 캐릭터를 제작할 수 있습니다. 수정한 프롬프트를 입력하면 새로운 이미지가 생성됩니다.

==Photorealistic portrait of a stunning Asian woman, cosmetics advertisement model, intelligent and sophisticated look, modern contemporary style, sleek updo hairstyle, subtle smokey eye makeup, glossy lips, high cheekbones, flawless skin, wearing a futuristic holographic dress emitting soft rainbow light, standing confidently, urban cityscape background with neon lights, shallow depth of field, high-end fashion photography style, 8k resolution, hyperrealistic details==

> **TIP** 앞서 실습한 것처럼 DeepL 등 AI 기반 번역 서비스를 활용하면 보다 쉽게 프롬프트를 작성할 수 있습니다.

04 다음으로 제품 이미지를 생성해보겠습니다. 제품 역시 [Explore(탐색)] 기능으로 기존 결과물을 참고합니다. 검색창에 **4 skin cosmetics**를 입력하여 표시된 결과물 중 마음에 드는 이미지를 선택한 뒤, 프롬프트를 수정하여 원하는 제품 이미지를 만듭니다.

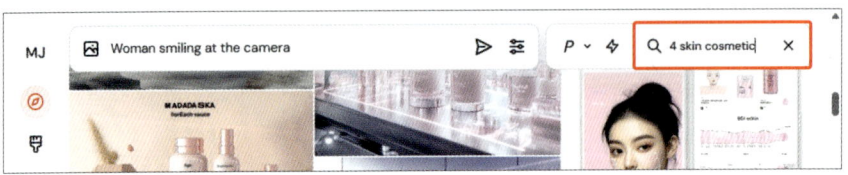

05 제품 이미지를 생성할 때 프롬프트에 특정 컬러를 지정하거나 제품의 브랜드명을 추가할 수 있습니다. 예를 들어, `product brand called 'ABCD'`와 같이 입력하면, 생성된 제품 이미지에 'ABCD'라는 브랜드명이 표시됩니다. 이러한 커스터마이징 옵션을 활용하면 원하는 제품 이미지를 더욱 세밀하게 제작할 수 있습니다. 이번 실습에서도 이러한 방식을 활용했습니다.

Midjourney에서는 기존에 보유한 이미지(사람 또는 제품 등)를 참조 이미지로 활용할 수도 있습니다. 프롬프트 입력창에 이미지를 첨부하면 해당 이미지의 스타일이나 인물의 외모를 반영한 결과물을 생성할 수 있습니다. 이를 스타일 참조(Style Reference), 캐릭터 참조(Character Reference)라고 합니다.

06 프롬프트 입력창 왼쪽에 있는 🖼를 클릭하여 참조할 이미지를 추가할 수 있습니다.

07 이때 기존에 제작한 이미지를 활용하거나 PC에 저장된 파일을 첨부하여 참조 기능을 적용할 수 있습니다.

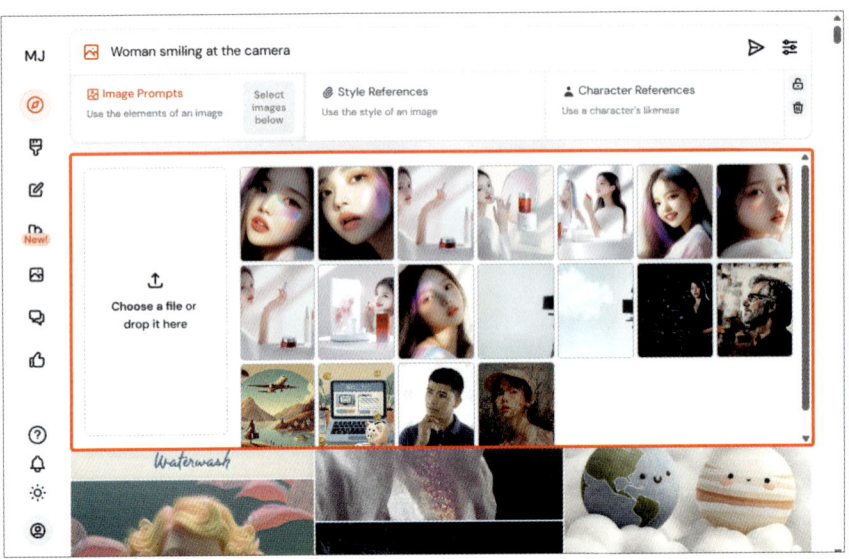

TIP 첨부한 이미지에 마우스 포인터를 올리면 다양한 기능이 제공됩니다. ❶을 클릭하면 업로드한 이미지에 사용할 수 있는 프롬프트 예시를 확인할 수 있고, ❷를 클릭하면 Midjourney의 에디터 기능을 활용해 이미지를 수정할 수 있습니다. ❸을 클릭하면 이미지를 삭제합니다.

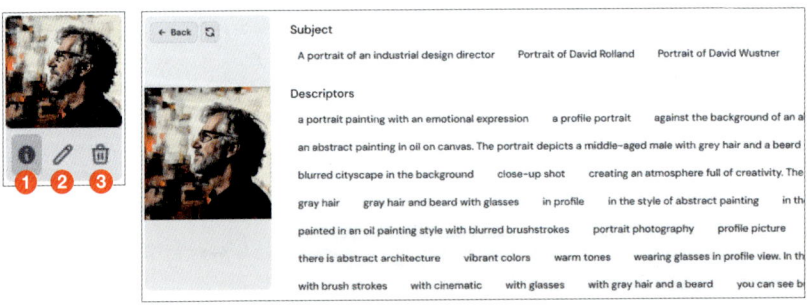

08 이미지는 총 세 가지 형태로 첨부할 수 있습니다. 각각의 첨부 방식은 다음과 같습니다. ❶ [Image Prompts]는 해당 이미지 자체를 활용합니다. ❷ [Style References]는 전체적인 분위기와 스타일을 적용합니다. ❸ [Character References]는 첨부된 이미지의 외형을 동일하게 유지합니다. 각 기능을 클릭하고 이미지를 선택하면 적용됩니다.

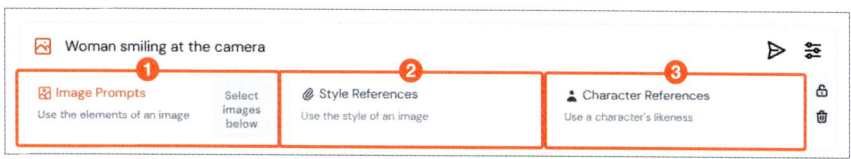

예를 들어, 첨부한 이미지 자체를 프롬프트로 활용하고, 캐릭터도 활용하고 싶다면 [Image Prompts]와 [Character References]에 각각 적용하면 됩니다.

TIP 이미지는 하나의 기능에 두 가지 이상을 선택할 수도 있습니다.

09 추가로 [Settings]를 클릭하면 프롬프트로 지정할 수 있는 것 외에 다양한 설정이 가능합니다. 각각 ❶ 이미지 사이즈, ❷ 가중치, ❸ 모델 등을 설정할 수 있습니다. 실습에서는 16:9 비율의 영상을 제작할 예정이므로 이미지 사이즈는 [Landscape]를 기본으로 활용하며 가중치는 그대로, 모델은 [Version]에서 6.1, Standard를 사용합니다.

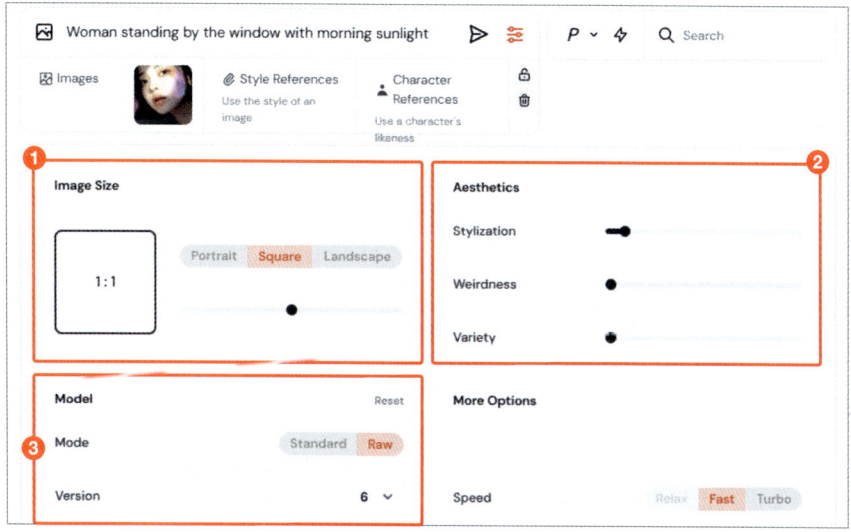

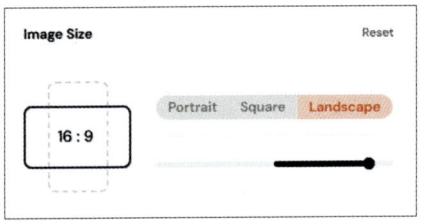 

> TIP 참고로 2025년 4월에 7 버전이 업데이트되었습니다. 7 버전은 보다 개인화된, 고품질의 이미지를 생성할 수 있습니다.

GPTs로 광고 장면별 스토리보드 구성하기

이번 실습에서도 GPTs 활용해 화장품 광고 제작을 위한 시나리오와 스토리보드를 만들어보겠습니다.

> TIP 시나리오와 스토리보드 제작을 위한 GPTs의 자세한 활용 방법은 73쪽을 참고하세요.

01 GPTs에 다음 프롬프트를 입력하여 화장품 광고용 시나리오와 스토리보드를 생성합니다.

==스킨케어 CF 영상을 만들 거야. 아침 햇살이 들어오는 창가를 배경으로 한 여성이 거울 앞에서 스킨케어 제품을 바르는 내용이야. 그리고 자연을 강조하기 위해 산책로를 걷는 내용도 포함시켜줘. 마지막에는 제품이 클로즈업되고 여성이 카메라를 향해 미소 짓는 장면을 클로즈업으로 마무리해줘.==

GPTs 결과는 매번 다르게 생성되므로, 여러분 의도에 맞게 수정하거나 보완해도 좋습니다.

타이틀: "내 피부의 빛, 나를 비추다"

Scene 1: 아침 햇살이 들어오는 창가
- **카메라**: 부드럽게 줌인, 중간 샷으로 전환
- **배경**: 투명한 커튼을 통해 아침 햇살이 부드럽게 들어오는 창가, 배경은 화이트 톤의 침실
- **피사체**: 한 여성이 침대에 앉아 살짝 미소를 짓고, 창 밖을 바라보며 눈을 감고 상쾌하게 숨을 들이마신다.

- **카메라 워크**: 슬로우 모션으로 여성이 눈을 감는 순간을 포착.
- **나레이션**: (잔잔하고 부드러운 여성 목소리) "내 피부, 내 맘처럼 맑고 깨끗하게."

Scene 2: 화장대 앞에서 스킨케어
- **카메라**: 거울 속 여성을 비추는 앵글, 클로즈업
- **피사체**: 여성이 화장대 앞에 앉아 스킨케어 제품을 부드럽게 피부에 바르는 장면.
- **조명**: 피부에 빛나는 듯한 반사광을 주어 맑고 투명한 피부 연출.
- **카메라 워크**: 손동작을 따라 자연스럽게 줌 인.
- **나레이션**: "맑은 피부는 나의 자신감을 밝혀줘."

Scene 3: 일상 속 자연스러운 아름다움
- **카메라**: 여성의 전신을 보여주는 롱샷, 부드럽게 팔로우하면서 걷는 모습을 따라감.
- **피사체**: 여성이 산책로를 걸으며, 바람에 살짝 날리는 머리카락을 만지는 모습.
- **조명**: 자연광, 햇살이 여성을 감싸며 반짝이는 효과.
- **카메라 워크**: 걷는 여성의 모습을 따라가다가 카메라가 위로 올라가며 얼굴을 클로즈업.
- **나레이션**: "내 피부가 빛나면, 나의 하루도 빛나요."

Scene 4: 제품 클로즈업
- **카메라**: 제품을 클로즈업으로 잡고 슬로우 모션으로 스피드 감소.
- **제품**: 화장품이 손 위에 올려져 있고, 그 위로 빛이 비치는 장면.
- **조명**: 제품에 은은한 빛 반사, 화이트 톤의 배경.
- **나레이션**: "자연에서 얻은 순수함, 내 피부를 위한 특별한 선택."

Scene 5: 마무리 장면
- **카메라**: 로우 앵글에서 다시 한 번 여성을 클로즈업, 살짝 미소를 지으며 카메라를 바라봄.
- **조명**: 얼굴에 부드러운 빛이 반사되어 피부가 더욱 돋보이게 연출.
- **나레이션**: "맑고 깨끗하게, 당신도 빛나는 하루를 시작하세요."
- **엔딩 타이틀**: 브랜드 로고가 나타나며 슬로우 페이드 아웃.

전체적인 톤
- **컨셉**: 순수, 청초, 자연스러움
- **조명**: 부드러운 자연광을 활용하여 피부와 장면이 모두 밝고 맑은 분위기를 연출
- **카메라 워크**: 부드럽고 자연스러운 움직임, 클로즈업과 슬로우 모션 활용
- **타겟**: 20대 여성들의 피부 자신감을 높이는 메시지 전달

02 GPTs를 통해 전반적인 시나리오가 완성되었습니다. 이제 이를 바탕으로 구체적인 스토리보드를 제작합니다.

 아래는 30초 청순 컨셉의 화장품 광고 CF에 대한 **스토리보드**를 표 형식으로 구성한 것입니다. 각 씬의 주요 요소와 카메라 워크, 조명, 나레이션 등이 함께 포함되어 있습니다.

Scene #	장면 설명	카메라 워크	조명	나레이션	특수 효과/기타
1	아침 햇살이 들어오는 창가에서 여성이 상쾌하게 눈을 감음	부드럽게 줌 인, 슬로우 모션	부드러운 자연광	"내 피부, 내 맘처럼 맑고 깨끗하게."	창가에 들어오는 자연스러운 빛 강조
2	거울 앞에서 여성이 스킨케어 제품을 바르는 모습	거울 속 여성을 클로즈업	얼굴에 자연스럽게 반사되는 빛	"맑은 피부는 나의 자신감을 밝혀줘."	피부가 빛나는 듯한 반사광 효과
3	산책로를 걷는 여성, 바람에 머리카락이 날림	여성의 전신을 풀샷, 부드럽게 팔로우	자연광, 햇살 효과	"내 피부가 빛나면, 나의 하루도 빛나요."	머리카락이 살짝 흩날리는 슬로우 모션
4	제품 클로즈업, 제품 위로 빛이 비침	제품을 클로즈업, 슬로우 모션	은은한 조명, 제품에 반사광	"자연에서 얻은 순수함, 내 피부를 위한 특별한 선택."	제품에 반짝이는 효과
5	여성이 카메라를 향해 미소 짓고 클로즈업	로우 앵글에서 클로즈업	얼굴에 부드러운 빛이 반사	"맑고 깨끗하게, 당신도 빛나는 하루를 시작하세요."	브랜드 로고 페이드 인, 슬로우 페이드 아웃

생성한 이미지로 다양한 장면 제작하기

스토리보드가 준비되었으니, 다시 Midjourney에서 스토리보드 각 장면에 맞는 이미지를 생성해보겠습니다.

01 스토리보드를 기반으로 프롬프트를 작성하고, Midjourney 작업 화면의 프롬프트창에 입력합니다. 인물과 스타일 참조는 앞에서 만든 모델을 활용합니다. ❶ 이미지를 업로드하고 캐릭터와 스타일 참조만 적용하도록 설정합니다. ❷ 프롬프트에는 Woman standing by the window with morning sunlight coming in(아침 햇살이 들어오는 창가에 서 있는 여성)을 입력하고 Enter 를 누릅니다.

TIP DeepL을 활용하여 첫 장면의 AI 이미지 제작에 사용할 프롬프트를 준비했습니다.

02 잠시 기다리면 이미지 생성이 완료됩니다. 참조한 이미지 캐릭터가 잘 반영된 결과물이 만들어졌습니다. 실습에서는 왼쪽 하단의 이미지가 콘셉트와 가장 잘 어울리는 것 같아 이를 선택했습니다.

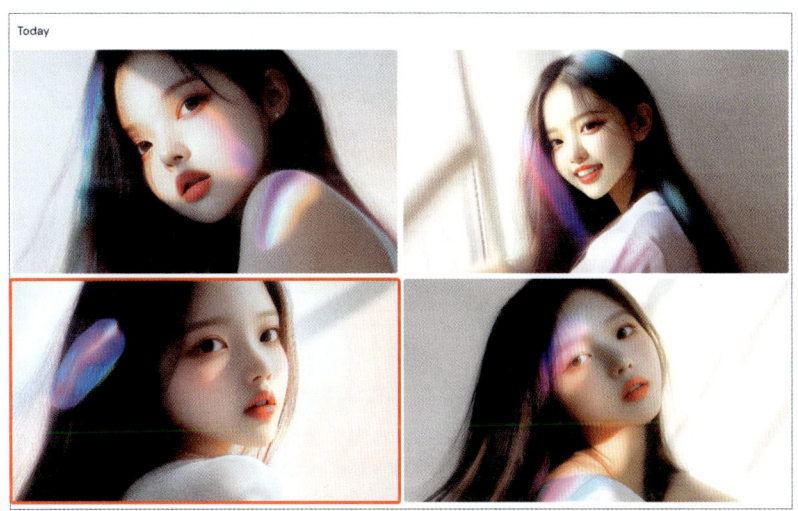

TIP 기존에 생성한 이미지는 왼쪽 메뉴의 [Create]에서 확인할 수 있습니다.

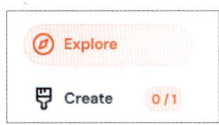

03 결과물을 클릭하면 오른쪽의 [Creation Actions] 메뉴에서 다양한 이미지 조정 기능을 확인할 수 있습니다. [Vary]는 이미지 변형 기능으로 약한 변화(Subtle), 강한 변화(Strong)를 적용할 수 있습니다. [Upscale]은 이미지의 해상도를 높이는 기능으로 마찬가지로 약한 변화(Subtle), 강한 변화(창의적, Creative) 중 하나를 선택할 수 있습니다. 이번 실습에서는 이미지 품질 향상을 위해 [Upscale]-[Subtle]을 선택해 낮은 강도의 업스케일을 적용했습니다.

TIP [Pan]과 [Zoom] 기능을 사용하면 현재 생성된 이미지를 기준으로 이동하거나 크기를 조절할 수 있습니다. Pan은 이미지를 화살표 방향으로 이동하고, Zoom은 이미지를 확대하거나 축소하는 기능입니다.

04 업스케일이 완료되면 해당 이미지를 PC에 저장합니다.

05 동일한 방식으로 두 번째 장면의 이미지를 생성합니다. 프롬프트는 다음과 같이 구성했습니다. ❶ Women applying skincare products in front of a mirror(거울 앞에서 스킨케어 제품을 바르는 여성) ❷ 기존에 제작한 주인공과 제품 이미지를 첨부하여 캐릭터의 일관성과 스타일의 연속성을 유지합니다.

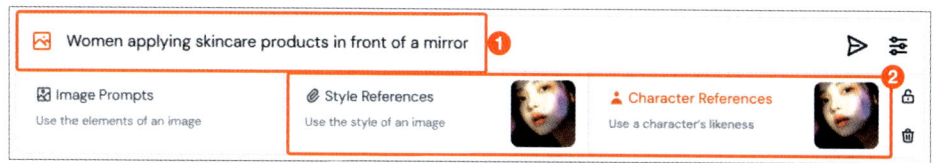

06 결과물 중 오른쪽 하단 이미지가 의도한 콘셉트와 가장 부합하여 이를 선택했습니다. 선택한 이미지는 앞서와 마찬가지로 낮은 강도의 업스케일링을 적용해 품질을 향상시킨 후, PC에 저장합니다.

▲ 두 번째 장면의 최종 이미지

07 세 번째 장면의 프롬프트는 다음과 같이 구성했습니다. Woman walking on promenade, hair blowing in the wind(산책로를 걷는 여성, 바람에 머리카락이 흩날림) 주인공 캐릭터와 스타일을 참조하도록 이미지를 첨부하여 프롬프트에 적용합니다.

08 네 번째 장면은 제품이 서서히 클로즈업되는 장면입니다. 기존에 제작한 제품 이미지를 업스케일해 그대로 사용하겠습니다.

09 마지막 장면에 필요한 이미지를 생성합니다. 핵심 단어와 표현을 중심으로 간결하게 프롬프트를 입력하여 원하는 결과물을 얻을 수 있도록 합니다. 이때 주인공의 특징, 전반적인 스타일, 그리고 이미지의 분위기를 모두 참조 요소로 활용하여 프롬프트를 구성했습니다. `Woman smiling at the camera(카메라를 향해 미소 짓는 여성)` 이로써 Midjourney에서 이미지 생성 작업을 모두 완료했습니다.

▲ 최종 완성된 마지막 장면 이미지

배경음악과 효과음 제작하기

이제 배경음악과 효과음을 추가하고 내레이션을 제작한 후, 최종 편집을 진행할 예정입니다. 각 요소의 완성도를 높이고 전체적인 조화를 이루어 영상의 퀄리티를 향상시키도록 하겠습니다.

01   배경음악은 SUNO를 활용하여 보컬이 없는 잔잔하고 청순한 분위기의 음악을 제작합니다. CF에서는 배경음악을 씬마다 바꾸는 것이 아니라 일관된 한 곡을 사용하는 것이 좋습니다.

02 효과음은 ElevenLabs를 사용합니다. 빛이 들어올 때 어울리는 효과음, 빛이 발산되는 듯한 효과음, 그리고 머리카락이 흩날릴 때 어울리는 소리를 각각 제작합니다. 작업 방식은 환경보호 홍보 영상을 만들 때와 크게 다르지 않습니다.

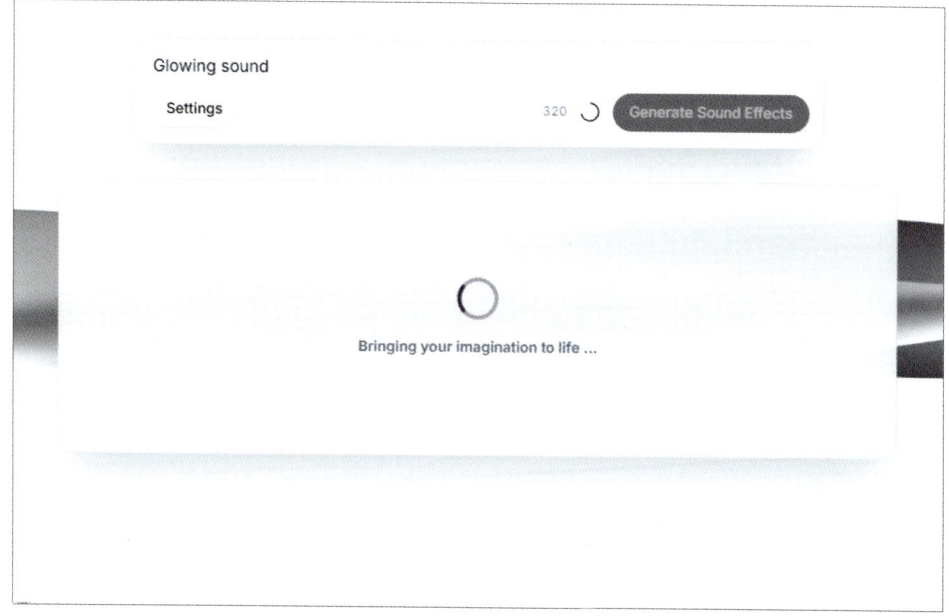

▲ ElevenLabs로 효과음 제작하기

Runway로 이미지를 영상으로 변환하기

지금까지 준비한 이미지를 영상으로 변환하겠습니다. 이번 작업에도 Runway를 사용하지만, 기존에 활용하던 Gen-3 Alpha 대신 Gen-3 Alpha Turbo 모델을 사용합니다. Turbo 모델은 이미지의 영상 변환에 최적화되어 있으며, 빠른 생성 속도를 제공하여 효율적인 작업이 가능합니다.

01 새 영상 생성 작업을 시작합니다. ❶ 생성 모델은 [Gen-3 Turbo]로 선택합니다. 첫 번째 장면에 사용하기 위해 생성한 이미지를 ❷ PC 폴더에서 이미지 첨부 영역으로 드래그합니다.

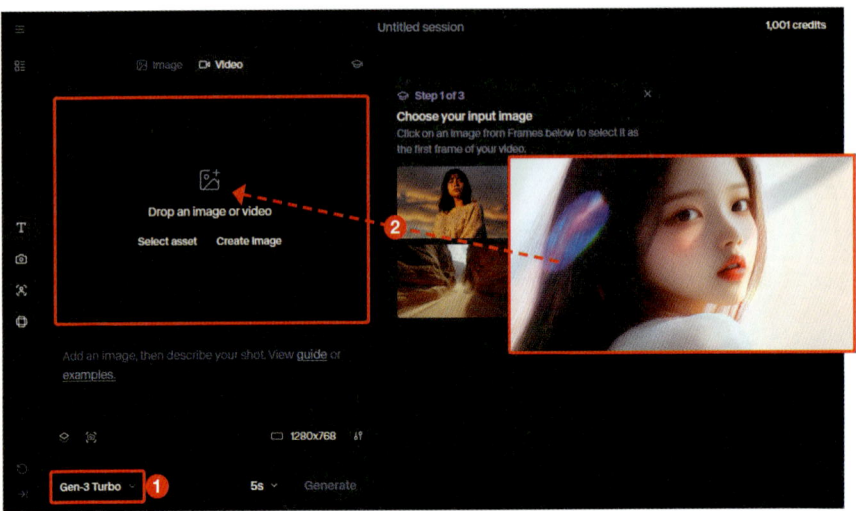

02 잠시 기다리면 이미지가 업로드됩니다. 이미지를 첨부해 작업하면 간단한 프롬프트만으로도 원하는 영상을 직관적으로 생성할 수 있습니다. 이번에는 이미지의 연출 방향만 간단히 지정하기 위해 프리셋 프롬프트를 활용해보겠습니다.

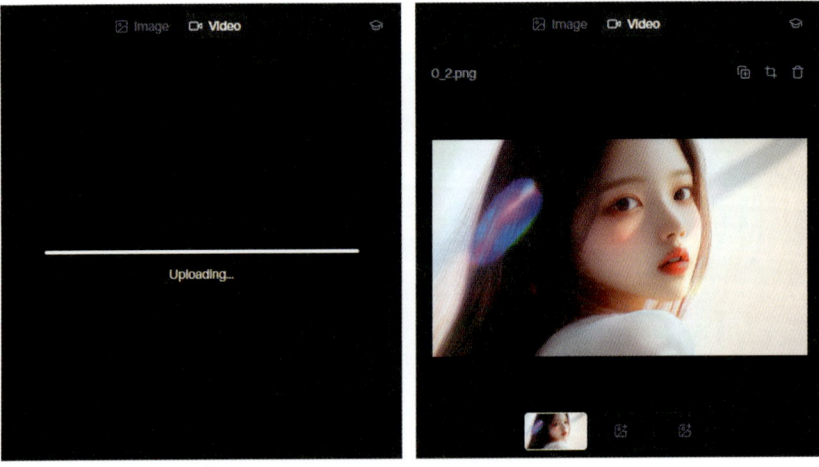

TIP Runway에서는 '키프레임'에 해당하는 이미지를 최대 세 장까지 업로드할 수 있습니다. 이전에는 [First], [Last] 옵션이 제공되어 두 장만 업로드할 수 있었지만, 지금은 영상의 시작, 중간, 끝에 해당하는 이미지를 업로드해 더 자연스럽고 연속적인 영상을 만들 수 있습니다. 이번 실습에서는 한 장의 이미지를 시작 장면이 아닌, 끝 장면으로 지정하여 활용할 수도 있습니다.

03 우리가 연출하고자 하는 장면은 '아침 햇살이 들어오는 창가에서 여성이 상쾌하게 눈을 감는 모습'입니다. 적당한 프리셋 프롬프트를 찾아보겠습니다. ❶ ▩를 클릭하고 ❷ [Close-up Portrait(클로즈업 초상화)]를 선택합니다. 입력된 프롬프트에서 보라색으로 표시된 […] 부분에 원하는 연출만 입력하면 됩니다.

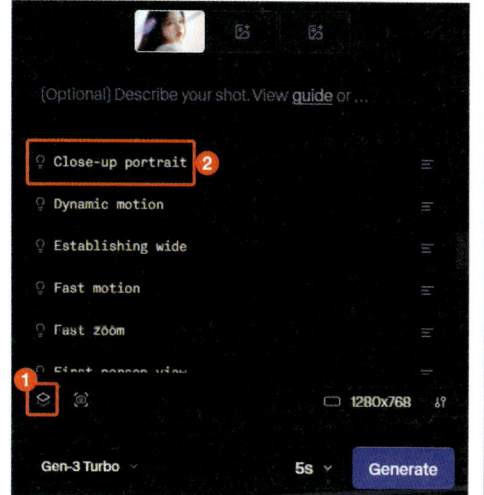 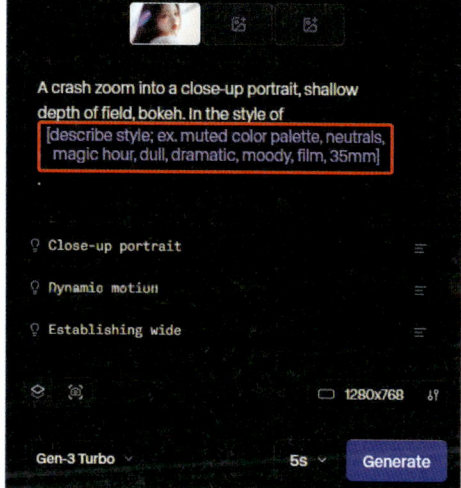

TIP 크롬과 같은 웹 브라우저에서는 화면에서 마우스 오른쪽 버튼을 클릭하여 번역 기능을 사용할 수 있습니다. 이 기능과 함께 프리셋 프롬프트를 활용하면 편리합니다.

04 따뜻한 햇살이 들어오는 클로즈업 장면을 연출하고 마지막에는 '눈을 감다'를 표현하기 위해 ❶ Warm sunlight is coming in and Eyes closed 내용을 추가합니다. ❷ 모든 설정을 완료한 후 [Generate]를 클릭하면 영상이 생성됩니다.

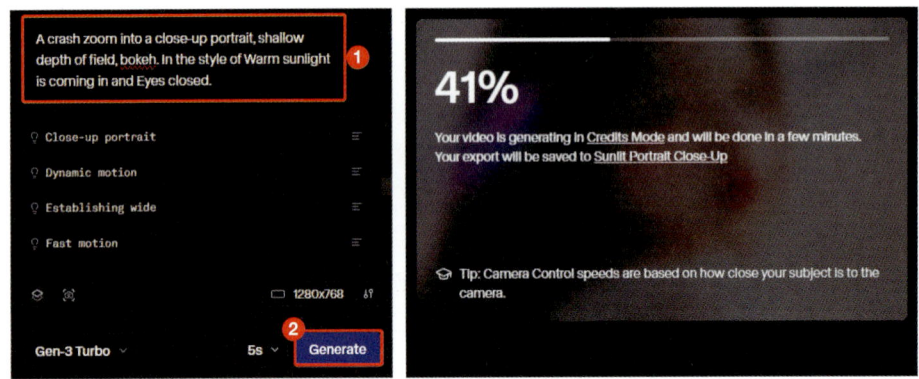

▲ 이미지가 영상으로 생성되는 모습

05 생성된 결과물을 확인해보니 청순한 이미지 표현과 클로즈업 구도, 그리고 햇살 연출이 의도한 대로 잘 표현되었습니다. 전반적인 품질에 문제가 없다면 영상을 다운로드합니다.

06 두 번째 장면은 '거울 앞에서 여성이 스킨케어 제품을 바르는 모습'입니다. 두 번째 장면 제작에도 마찬가지로 [Close-up portrait(클로즈업 초상화)] 프리셋 프롬프트를 선택합니다. 거울 앞에서 스킨케어 제품을 바르는 여성의 모습을 연출하기 위해 보라색 [...] 부분에 `Reflective light effect for glowing skin`(피부가 빛나는 반사광 효과)를 입력합니다. 설정을 마친 후 영상을 생성합니다.

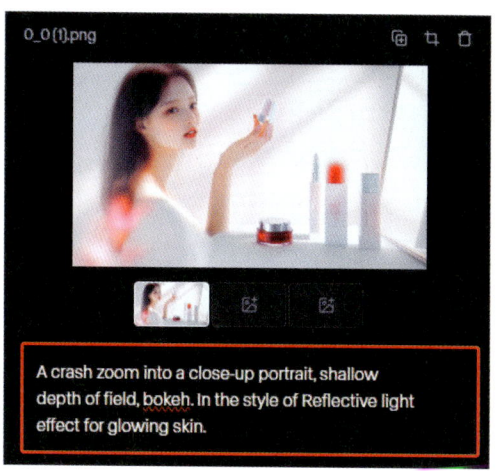

07 결과물을 확인해보니 두 번째 장면도 잘 연출되었습니다. 문제가 없다면 영상을 다운로드합니다.

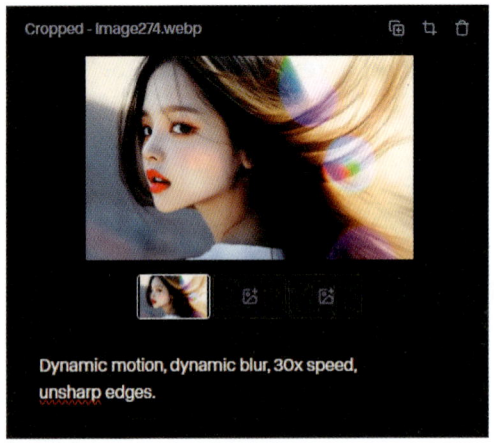

08 세 번째 장면 제작에는 다이내믹한 움직임을 표현할 수 있는 [Dynamic motion] 프리셋 프롬프트를 선택합니다. 산책로를 걷는 여성과 바람에 흩날리는 머리카락의 자연스러운 움직임을 연출하고자 했습니다. 이 장면에서는 추가 프롬프트 없이 [Dynamic motion] 프리셋 프롬프트의 기본 설정만 그대로 사용하여 생성합니다.

09 결과물을 확인해보니 머리카락이 바람에 흩날리는 역동적인 움직임이 잘 표현되었습니다. 만약 드론으로 촬영한 듯한 구도나 더 역동적인 이미지를 준비한다면, 같은 프리셋 프롬프트로도 한층 더 다이내믹한 영상 연출이 가능할 것입니다.

10 네 번째 장면에서는 제품을 극적으로 연출하기 위해 [Cinematic drone] 프리셋 프롬프트를 선택하고, 여기에 skincare 제품임을 명시했습니다. 제품 주변으로 그림자가 빠르게 움직이는 역동적인 영상이 생성되었습니다.

11 마지막 장면은 여성의 미소 짓는 모습을 클로즈업으로 담아내기 위해 [Close-up portrait(클로즈업 초상화)] 프리셋 프롬프트를 선택합니다. 이어서 마법 같은 순간과 드라마틱한 표현, 그리고 미소 짓는 모습을 프롬프트에 추가합니다. 결과물을 확인해보니 밝게 미소 짓는 여성의 모습이 의도한 대로 자연스럽게 연출되었습니다.

CapCut으로 최종 편집하고 출력하기

모든 영상 소스의 최종 편집은 CapCut으로 진행하겠습니다. 이번 프로젝트에서는 립싱크 작업 대신 전체 대사를 내레이션으로 제작합니다.

01 내레이션은 CLOVA Dubbing을 활용해 제작했으며, AI 성우 '유나'를 선택했습니다. GPTs로 생성한 대사를 입력하고 음성을 확인한 후, 이상이 없으면 모두 다운로드합니다. 편집에 필요한 모든 소스가 준비되면, 각 장면별 폴더에 체계적으로 정리해둡니다.

02 CapCut에서 영상의 최종 편집 작업을 다음과 같이 진행합니다. 먼저 장면별로 준비된 소스들을 차례대로 불러온 후, 사운드 파일은 트랙별로 분리해 배치합니다. 음향효과, 배경음악, 그리고 내레이션을 배치한 후 각 요소의 길이를 알맞게 조절합니다. 이어서 자연스러운 연출을 위해 페이드 인/아웃과 같은 볼륨 효과를 적절히 적용하여 영상을 완성합니다.

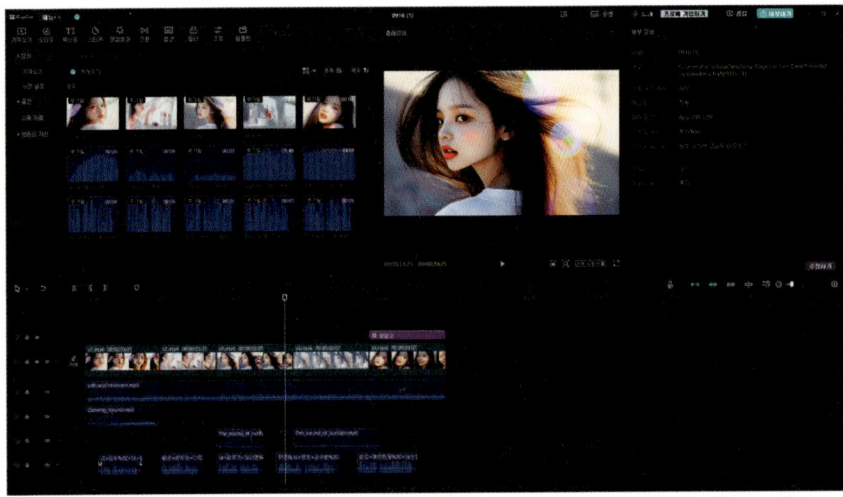

03 최종 영상 결과물을 확인합니다. 필요에 따라 자막을 추가하여 영상의 완성도를 높여 CF 제작을 마무리합니다.

생성된 모든 요소들이 조화롭게 어우러져 완성도 높은 화장품 광고 영상이 완성되었습니다. 영상의 각 구성 요소인 AI로 생성한 영상과 내레이션, 효과음, 그리고 배경음악이 자연스럽게 통합되어 전문적인 CF의 느낌을 잘 표현했습니다.

최종 결과물은 오른쪽 QR 코드를 스마트폰 카메라로 인식해 확인하거나 아래 주소로 접속해 확인할 수 있습니다.

주소 : https://m.site.naver.com/1EIuG

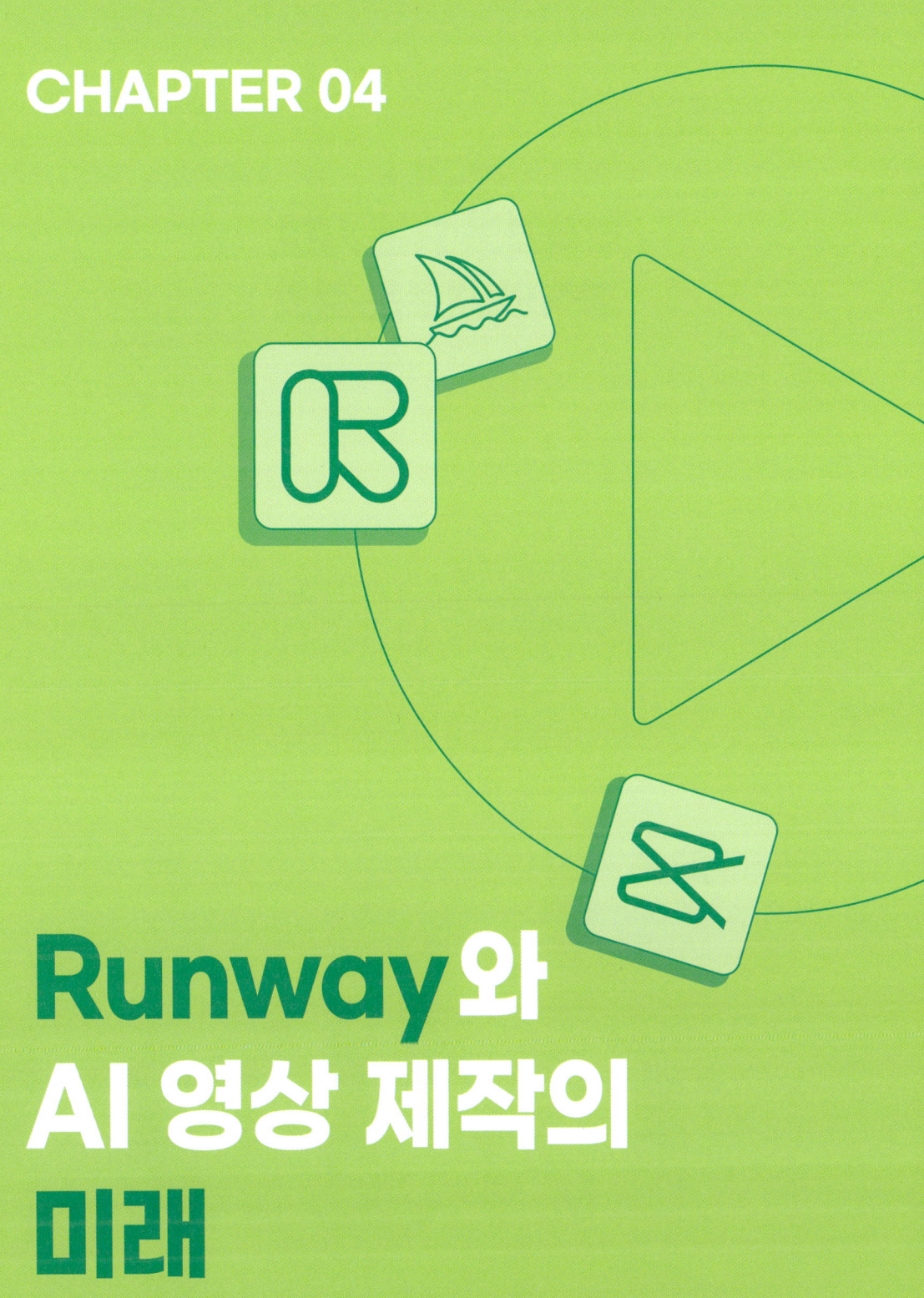

LESSON 01

누구나 창작자가 되는 시대, 창작의 새로운 정의

인공지능의 발전과 영화 제작 산업의 변화

인공지능 기술의 발달은 영화 제작 산업에 혁신적인 변화를 가져왔습니다. 특히 Runway와 같은 생성형 AI 도구의 등장은 전문 기술이나 경험 없이도 고품질의 영상 제작을 가능하게 만들었습니다. AI가 창작자의 상상력을 바탕으로 자동으로 영상을 생성하면서, 전통적인 제작 방식과는 전혀 다른 새로운 창작의 패러다임을 열고 있습니다. 그 결과, '창작'이라는 개념 자체도 새롭게 정의되고 있습니다.

과거의 영화 제작은 고가의 장비와 전문 기술이 요구되는 폐쇄적인 영역이었기에 일반인이 쉽게 접근하기 어려웠습니다. 그러나 IT와 AI 기술의 발전으로 진입 장벽이 크게 낮아졌고, 이제는 누구나 창작에 도전할 수 있는 환경이 마련되었습니다. 이는 영상 콘텐츠 제작의 민주화를 이끄는 중요한 계기가 되고 있습니다.

AI 도구는 영화 제작의 효율성을 높이는 데 그치지 않고, 완전히 새로운 형태의 창작까지 가능하게 합니다. 예를 들어, AI 기반의 자동화된 편집 도구는 시각 특수 효과 제작에 혁신을 불러왔습니다. 특히 Runway와 같은 도구는 간단한 텍스트 입력(프롬프트)만으로도 복잡한 영상을 손쉽게 구현할 수 있습니다.

AI와 인간의 협업은 스토리텔링 영역에서도 혁신을 불러오고 있습니다. 비선형적 스토리 구조나 관객 반응형 인터랙티브 영화와 같은 새로운 형식의 콘텐츠 제작이 가능해지면서 관객에게 전에 없던 경험을 제공합니다.

비주얼 콘텐츠 영역에서도 인간과 AI의 시너지는 창작의 새로운 가능성을 열고 있습니다. AI가 만들어낸 초현실적 이미지나 미래적인 디자인은 실험적 비주얼 아트의 지평을 넓히며 영상 표현의 혁신을 이끌고 있습니다.

AI와 인간의 창작 협업 사례

AI와 인간의 협업이 영화 제작에 어떤 실질적 영향을 미치는지 알아보기 위해 구체적인 사례를 살펴보겠습니다.

2016년 제작된 SF 단편 영화 〈Sunspring〉은 AI 기반 시나리오 작성의 혁신적 시도

▲ AI와 인간이 협업하여 제작한 단편 영화 〈Sunspring〉의 한 장면[1]

---

1 〈Sunspring〉, A Sci-Fi Short Film Starring Thomas Middleditch,
  출처 : https://youtu.be/LY7x2Ihqjmc?si=xEqFwz694-wQDT7M

AI가 개입되는 창작이란 무엇인가

전통적으로 창작은 개인의 독립적인 예술 활동으로 인식되어 왔습니다. 하지만 AI 기술의 발전으로 인간과 AI가 함께 작업하는 '공동 창작'이라는 새로운 패러다임이 등장했습니다. 인간 창작자와 AI가 각자의 강점을 바탕으로 협업할 수 있게 된 것입니다.

영상 제작 도구나 전문 기술은 없지만 상상력이 풍부한 인간 창작자와, 스스로 프롬프트를 만들 수는 없지만 방대한 데이터를 분석하고 시각적 요소를 생성할 수 있는 AI가 상호작용하여 하나의 작품을 완성합니다. 이처럼 효율성과 독창성을 동시에 추구하는 협업 모델은 창작의 새로운 가능성을 제시합니다.

AI가 창작의 한 주체로 인정받기 시작하면서 작업 과정에서도 새로운 역할 분담이 이루어지고 있습니다. 반복 작업과 데이터 분석은 AI가 맡고, 창의적 직관이 필요한 영역은 인간이 담당합니다. 이러한 협업은 창작의 다양성을 넓히고 혁신적인 결과물이 탄생하는 속도를 가속하고 있습니다.

창작 과정의 자동화가 가속화되면서 인간 창작자의 역할도 진화하고 있습니다. 이러한 변화는 특히 영화와 영상 제작 분야에서 창작자에게 새로운 기회를 제공합니다. 실무 현장에서는 AI가 시나리오의 기초 플롯 생성부터 배경 이미지, 특수 효과 구현까지 다양한 자동화 솔루션을 제공합니다. 덕분에 창작자는 보다 고차원적이고 창의적인 작업에 집중할 수 있는 여건이 마련되었습니다.

자동화가 확대될수록 인간 창작자의 창의적 판단은 더욱 중요해집니다. AI가 생성한 수많은 콘텐츠와 아이디어 중 최적의 선택을 하고 이를 작품으로 완성하는 과정에서 인간의 직관과 경험, 감각은 AI가 대체할 수 없는 핵심 역량으로 작용합니다.

등 다양한 AI 기능의 보편화로 학생과 일반인, 소규모 크리에이터도 전문가 수준의 콘텐츠를 제작할 수 있게 되었으며, 이로써 창작 활동의 저변이 한층 확대되고 있습니다.

AI는 반복적인 작업을 자동화하는 데 그치지 않고, 복잡한 기술적 문제까지 해결함으로써 창작자가 상상력 구현에 더욱 집중할 수 있도록 돕습니다. 이제 AI는 단순한 도구를 넘어 창작자의 협업 파트너로 진화하고 있습니다. 예를 들어, Runway와 같은 영상 생성 AI는 사용자의 의도와 콘셉트를 이해하고, 텍스트 프롬프트만으로도 독창적인 장면이나 캐릭터를 생성할 수 있는 수준에 이르렀습니다.

이러한 AI 기반 창작 방식은 과거의 도구 중심 작업과는 본질적으로 다릅니다. 창작자는 AI와 상호작용하며 영상을 완성해나가고, 이 과정에서 AI는 단순한 도구가 아니라 피드백을 주고받는 능동적인 협업 파트너로 자리잡고 있습니다.

그러나 이러한 변화 속에서도 창작의 핵심은 여전히 창작자의 창의력에 있습니다. AI는 아이디어를 현실화하는 강력한 도구이자 협업 파트너지만, 최종적인 예술적 판단과 선택은 창작자만의 고유한 역할입니다.

AI가 제시하는 다양한 스타일과 결과물 중 최적의 선택을 하고, 자동 생성된 영상을 편집하고 연출 방향을 결정하는 것도 결국 창작자의 몫입니다. 협업 과정에서 창작자는 도구로서 AI를 활용하되, 최종 결과물에 대한 책임과 권한을 갖습니다.

AI가 창작 과정의 핵심 동반자로 자리잡으면서 창작의 개념 또한 근본적으로 변화하고 있습니다. 창작은 더 이상 인간만의 전유물이 아니라, AI와 협업을 통해 완성되는 새로운 형태로 진화하고 있습니다.

▲ 전통적인 영화 촬영 현장 모습(미드저니 AI 이미지 생성)

과거에는 수십 명으로 구성된 팀이 많은 시간을 들여 진행하던 작업이 이제는 AI 덕분에 획기적으로 단축되고 있습니다.

AI 기술로 가속화되는 영상 제작의 대중화

AI 영상 제작 도구는 영화 제작을 넘어 유튜브, 틱톡 등 숏폼 콘텐츠 영역에서도 폭발적으로 활용되고 있습니다. 영상 제작, 자동 자막, 이미지 생성, 내레이션 제작를 보여준 작품입니다. 이 프로젝트에서 AI는 독특한 대사와 설정을 자동으로 생성했고, 인간 창작자들은 이를 창의적으로 해석하여 영상으로 구현했습니다. 그 결과 전통적 서사 구조에서 벗어난 실험적이고 독창적인 작품이 탄생했으며, AI와 인간 협업의 새로운 가능성을 제시했습니다.

2017년 개봉한 〈블레이드 러너 2049(Blade Runner 2049)〉는 AI 기술을 비주얼 콘텐츠 제작에 혁신적으로 활용한 대표적 사례입니다. 영화에서는 AI를 활용하여 미래 도시의 디지털 배경과 특수 효과를 구현했으며, 이는 독창적인 시각적 미학을 한층 강화하는 결과로 이어졌습니다. 인간 창작자들은 AI가 생성한 기초 콘텐츠를 바탕으로 정교한 디테일을 더해 작품만의 독보적인 비주얼을 완성했습니다.

▲ 영화 〈Blade Runner 2049〉의 미래 배경 장면을 연출한 팬 아트[2]

영화 외에도 AI와 인간이 협업한 사례는 다양합니다. 2017년 발표된 노래 〈I AM AI〉는 AI가 작곡한 세계 최초의 음반으로, 영화 음악 분야에서 AI의 창작 잠재력을

---

[2] 'Blade Runner Environment', Wiktor Öhman,
출처 : https://youtu.be/maHj-Vt1vok?si=hiFzYOBNMCduwgNo

입증한 획기적인 사례입니다. AI가 작곡한 곡들을 인간 음악가들이 세밀하게 조정하여 AI 창작과 인간의 감성이 조화를 이룰 수 있음을 증명했습니다.

이러한 사례들은 AI와 인간의 협업이 더욱 혁신적이고 매력적인 결과를 만들어낼 수 있음을 보여줍니다. 특히 AI는 인간 창작자에게 새로운 아이디어와 다양한 선택지를 제공하여 창작의 지평을 넓히고, 기존 방식으로는 시도하기 어려웠던 독창적이고 과감한 표현을 가능하게 합니다.

효율성 측면에서도 반복적이고 시간이 많이 드는 작업을 자동화함으로써 인간 창작자가 보다 고차원적이고 창의적인 작업에 집중할 수 있는 환경을 제공합니다. 이는 제작 기간 단축과 비용 절감으로 이어져 전반적인 제작 효율성을 크게 향상시킵니다.

물론 현재 AI 기술은 아직 한계도 지니고 있습니다. 특히 섬세한 감정 표현이나 복잡한 인간 상호작용을 구현하는 데는 제약이 있어, 인간 창작자의 세밀한 조율과 보완이 여전히 필수입니다.

LESSON 02

AI가 만들어내는 새로운 직업 세계

AI의 발전과 새로운 직업의 탄생

AI 기술의 급속한 발전은 영상 제작을 포함한 창작 산업 전반에서 새로운 직업을 만들어내고 있습니다. 과거에는 존재하지 않았던 AI 기술이 창작 패러다임을 근본적으로 변화시키면서 그에 따라 새로운 전문 직군도 등장했습니다.

특히 AI 도구가 창작 과정에 깊이 통합되면서 인간과 AI의 협업을 중심으로 한 새로운 형태의 직업군이 빠르게 늘어나고 있습니다. 이번에는 AI 도입으로 등장한 새로운 직업과 이로 인한 창작 환경의 변화를 다양한 사례와 함께 살펴보겠습니다.

AI 프롬프트 엔지니어

AI 프롬프트 엔지니어는 AI와 인간의 상호작용을 최적화하는 새로운 전문 직업입니다. AI 도구에서 프롬프트의 품질은 결과물의 완성도를 좌우하는 핵심 요소로, 프롬프트 엔지니어는 이를 체계적이고 창의적으로 설계하여 AI의 성능을 극대화합니다.

대부분의 AI 도구는 입력된 프롬프트를 바탕으로 영상을 생성하고 편집합니다. 이때 프롬프트에 구체적인 지시가 없거나 AI가 해석하기 어려운 부분이 있다면 임의로 보완된 결과물이 출력됩니다. 따라서 프롬프트 엔지니어는 AI가 이해할 수 있는 명확한 지시문을 작성하면서도 창작자의 의도와 감성을 정밀하게 반영한 프롬프트를 구성해야 합니다.

예를 들어, ==따듯하고 감성적인 풍경==과 같은 추상적인 표현 대신, ==황금빛 태양이 지는 바닷가에서 부드러운 파도 소리가 울려 퍼지는 장면==처럼 구체적이고 감각적인 프롬프트를 설계하여 AI가 보다 정교한 결과물을 생성하도록 유도합니다.

> **TIP** 물론 영상 제작 과정에서 '따듯하고 감성적인 풍경'에 대한 사례를 수집하기 위해 의도적으로 AI에게 해석을 맡기는 방식의 프롬프트도 가능합니다.

프롬프트 엔지니어는 AI 창작 도구의 잠재력을 최대한 끌어내는 핵심 역할을 수행합니다. 이들은 AI 생성물에 대한 지속적인 피드백과 프롬프트 최적화를 통해 최상의 결과물을 이끌어냅니다. 단순한 도구 사용자가 아니라 AI와 협업하며 창작에 능동적으로 참여하는 전문 인력이라 할 수 있습니다. 특히 영화 제작과 광고 산업에서는 프롬프트 엔지니어링이 창작 프로세스의 필수 요소로 자리잡고 있습니다.

AI 영상 편집 전문가

AI 영상 편집 전문가는 AI 기술의 확산과 함께 새롭게 부상한 직군입니다. 전통적인 영상 편집에서는 많은 시간과 고도의 기술이 요구되었지만, AI 도구의 등장으로 작업 방식이 변화하며 새로운 형태의 전문성이 요구되고 있습니다. 이들은 AI 기술과 전통적인 편집 기술을 융합하여 더 효율적이면서도 고품질의 영상을 제작합니다.

AI 영상 편집 전문가의 역할은 단순히 AI 도구를 활용하는 수준에 그치지 않습니다. 예를 들어, Runway와 같은 도구의 자동 편집 기능으로 장면 전환이나 컷 편집 같은 작업을 신속하게 처리하면서도, 감정선의 흐름을 살리거나 섬세한 디테일을 조정하는 창의적 영역은 전문가의 편집 감각으로 보완합니다. 이를 통해 효율성과 예술성을 모두 갖춘 결과물을 완성합니다.

광고 제작 현장에서 AI 영상 편집 전문가는 AI가 자동으로 트랜지션과 색 보정을 처리하는 덕분에 기초 편집 작업을 빠르게 끝내고, 감정선을 고려한 장면 구성과 정교한 컷 편집에 집중할 수 있습니다. 이러한 하이브리드 워크플로를 통해 제작 시간은 절반 이상 단축되었고, 감성적 깊이와 시각적 매력도가 향상된 광고 영상을 완성할 수 있게 되었습니다.

AI 크리에이티브 브랜드 디렉터

AI 크리에이티브 브랜드 디렉터는 AI를 활용하여 창의적 브랜드 전략을 수립하는 전문 직군입니다. 전통적인 브랜드 디렉터가 인간의 고유한 창의력에 의존해 방향을 제시했다면, 이들은 AI의 잠재력을 극대화하여 혁신적인 콘텐츠 전략을 설계합니다.

AI 크리에이티브 브랜드 디렉터의 핵심 역할은 AI를 통해 효율성을 높이는 동시에 창의적 돌파구를 발견하는 데 있습니다. 예를 들어, 광고 캠페인을 기획할 때, AI 기반의 소비자 데이터 분석과 맞춤형 콘텐츠 자동 생성을 통합적으로 운영함으로써, AI의 창의적 잠재력을 전략적으로 실현합니다.

한 광고 캠페인에서는 AI의 데이터 분석을 통해 소비자 행동 패턴과 트렌드를 파악하고, 이를 기반으로 최적화된 영상 스타일과 콘텐츠를 자동 생성했습니다. 이러한 데이터 기반 접근법은 광고의 개인화 수준을 높이고 소비자와의 정서적 연결성을 강화하는 데 기여합니다.

그 결과 해당 캠페인은 기존 전통적 광고보다 높은 참여율을 기록했으며, 소비자들의 브랜드 친밀도 또한 크게 향상되었습니다. 이는 AI의 분석력과 크리에이티브 디렉터의 전략적 통찰이 결합된 성공적인 사례로 평가받고 있습니다.

AI 콘텐츠 큐레이터

AI 콘텐츠 큐레이터는 AI 기반의 개인화 추천 시스템을 전문적으로 운영하는 새로운 직군입니다. 이들은 AI를 활용해 사용자의 취향을 정밀하게 분석하고 최적화된 맞춤형 콘텐츠를 제공합니다. 특히 스트리밍 서비스와 소셜 미디어 플랫폼에서 사용자 경험을 극대화하는 핵심 역할을 수행합니다.

넷플릭스나 유튜브와 같은 플랫폼에서 AI 콘텐츠 큐레이터는 사용자의 시청 이력과 선호도 패턴을 분석하여 개인 맞춤형 콘텐츠를 추천합니다. 이들은 AI가 자동으로 생성하는 추천 시스템을 더욱 정교하게 설계하고 최적화하는 데 주력합니다.

AI는 이제 단순한 도구를 넘어 창작 과정의 필수 협업 파트너로 진화하고 있습니다. 이러한 변화는 AI 개발자, AI 영상 분석가, AI 스토리텔러 등 다양한 전문 직군의 등장을 이끌고 있습니다. 이들은 AI와 인간의 협업을 기반으로 새로운 창작 패러다임을 구축해나가고 있습니다.

프롬프트 엔지니어, AI 영상 편집 전문가, AI 크리에이티브 디렉터, AI 콘텐츠 큐레이터와 같은 신규 직군의 등장은 창작 산업의 혁신적 변화를 보여줍니다. 이러한 직군의 확장은 더 많은 창작자에게 새로운 기회를 제공하며, AI 기반 창작의 지평을 넓혀가고 있습니다.

LESSON 03

AI 활용에 따른 윤리적 고려 사항

AI 기술 발전과 윤리적 문제의 등장

AI 기술의 발전은 창작 산업 전반에 혁신적 변화를 가져왔지만, 동시에 새로운 윤리적 과제도 함께 제기되고 있습니다. 특히 AI가 창작 과정에 깊이 관여하면서 저작권, 투명성, 정확성, 사회적 책임 등의 이슈가 새로운 차원에서 부각되고 있습니다.

이러한 윤리적 문제를 해결하지 않고서는 AI 기반 창작의 자유와 신뢰성을 온전히 유지하기 어렵습니다. 이번에는 AI 영상 제작과 관련된 핵심 윤리 요소들과 실제 적용 사례를 살펴보겠습니다.

생성형 AI와 저작권 문제

저작권 문제는 AI 창작에서 가장 시급한 윤리적 과제 중 하나입니다. AI는 기존 데이터와 콘텐츠를 학습하여 새로운 결과물을 생성하는 과정에서 원저작물의 권리를 침해할 가능성이 있습니다. 따라서 AI를 활용하는 창작자와 기술 제공자는 저작권 보호에 대한 명확한 윤리적 책임을 인식하고 이행해야 합니다.

AI는 방대한 데이터 세트를 학습에 활용하는데, 이 중 상당수가 저작권이 설정된 콘텐츠일 수 있습니다. 특히 영상이나 이미지 생성 AI는 인터넷상의 이미지를 기반으로 새로운 결과물을 만들어내는 경우가 많아, 저작권 침해에 대한 우려가 큽니다.

Runway와 같은 AI 도구들은 저작권 문제가 없는 콘텐츠 사용을 권장하고 있으나, 실제로 학습 데이터의 출처를 추적하고 검증하는 데는 여전히 기술적 한계가 있습니다. 2023년 초 발생한 이미지 판매 플랫폼 Getty Images(게티 이미지)와 이미지 생성 AI Stable Diffusion(스테이블 디퓨전) 개발사 Stability AI(스태빌리티 AI) 간의 법적 갈등은 AI 창작물의 저작권 문제를 단적으로 보여주는 사례입니다.

Getty Images는 Stability AI가 자사의 수백만 개 이미지와 메타데이터를 무단 복제해 상업적 이익을 취했다고 주장했고, 반면 Stability AI는 AI 기업들이 수많은 데이터를 일일이 확인해 저작권을 확보하는 것은 사실상 불가능하다고 항변했습니다.[3]

이러한 문제를 방지하려면 AI 학습 데이터의 투명한 관리 체계를 마련하고, 공정 사용의 범위를 명확하게 규정할 필요가 있습니다.

AI 기술의 투명성과 편향성

AI 기술을 활용한 창작 과정에서 투명성 확보는 핵심적인 윤리적 과제입니다. AI가 생성한 콘텐츠의 제작 과정과 사용된 데이터의 출처가 명확히 공개되지 않으면, 해당 콘텐츠의 신뢰성과 진정성에 의문이 제기될 수 있습니다. 따라서 창작자는 콘텐츠 소비자의 알 권리를 존중하여 AI 활용 여부와 과정을 투명하게 공개할 책임이

---

[3] 'AI와 갈등하는 예술가들, 새로운 창작과 협력의 가능성을 찾아서', 손승우 한국지식재산연구원장,
출처 : KDI 경제교육·정보센터, https://eiec.kdi.re.kr/publish/naraView.do?fcode=00002000040000100001&cidx=14650&sel_year=2024&sel_month=03

있습니다.

AI는 복잡한 알고리즘과 대규모 데이터 처리 과정을 통해 콘텐츠를 생성합니다. 하지만 사용된 데이터 세트의 출처와 신뢰성이 검증되지 않으면, 생성된 콘텐츠에 편향이나 오류가 포함될 위험이 있습니다. 이는 콘텐츠 품질을 떨어뜨릴 뿐만 아니라 사회적 논란으로 이어질 수 있습니다.

예를 들어, 최근 많은 미디어 기업이 AI에 기반을 둔 자동 기사 생성 시스템을 도입하거나 검토 중입니다. 하지만 이러한 콘텐츠 생성 과정이 불투명하다면 정보의 신뢰성과 정확성이 심각하게 훼손될 수 있습니다. 특히 AI가 검증되지 않은 데이터를 학습하여 콘텐츠를 생성할 경우, 잘못된 정보가 사실처럼 확산될 위험도 있습니다. 따라서 AI 생성 콘텐츠에 대한 투명한 정보 공개와 데이터 출처에 대한 철저한 검증은 필수입니다.

또한 AI 학습 과정에서 데이터의 편향성 문제도 중요한 이슈입니다. 편향된 데이터를 학습한 AI는 특정 인종, 성별, 사회 계층에 대한 차별적 표현이나 왜곡된 시각을 재생산할 수 있습니다. 이는 사회적 불평등을 심화시키고 부정적 고정관념을 강화할 수 있어, AI 학습 데이터의 다양성과 공정성 확보가 중요한 과제로 떠오르고 있습니다.

가짜 콘텐츠와 딥페이크 문제

AI 기술의 발전으로 딥페이크(Deepfake)와 같은 초실감형 합성 콘텐츠 생성이 가능해졌습니다. 딥페이크는 실제 인물의 얼굴과 음성을 AI로 정교하게 합성할 수 있어 허위 정보 유포나 기만적 콘텐츠 제작에 악용될 위험이 큽니다.

2020년 미국 대선 과정에서 발생한 딥페이크 허위 정보 사건은 이러한 위험성을 단적으로 보여준 사례입니다. 정치인의 얼굴을 AI로 합성해 허위 발언을 조작한 이 사건은 여론을 왜곡하고 사회적 혼란을 초래할 수 있는 딥페이크의 잠재적 위협을 대중에게 널리 알리는 계기가 되었습니다. 이는 AI 기반 영상 제작에 보다 엄격한 윤리 기준이 필요하다는 점을 다시 한번 환기시켰습니다.

AI 영상 제작 기술이 대중화되면서 사회적 책임의 중요성도 더욱 부각되고 있습니다. AI 개발자와 콘텐츠 제작자는 사회적 불평등 심화나 허위 정보 확산을 방지하기 위해 명확한 윤리 기준을 수립하고 준수해야 할 책임이 있습니다. AI로 창작의 자유가 확대되는 만큼, 그에 상응하는 사회적 책임이 요구되는 시점입니다. 특히 딥페이크와 같은 고도화된 기술의 오남용을 막으려면 법적 규제 체계 마련과 윤리 교육 강화가 시급합니다.

AI는 영상 제작에 혁신을 가져왔지만, 그 지속 가능성은 윤리적 과제를 어떻게 해결하느냐에 달려 있습니다. 저작권 보호, 투명성 확보, 편향성 제거, 허위 정보 방지 등은 AI 창작에서 반드시 고려해야 할 핵심 윤리 요소입니다. AI 기술이 더욱 고도화됨에 따라 창작자는 윤리적 기준을 확립하고 기술의 잠재력을 책임감 있게 활용해야 할 것입니다.

LESSON 04

창작에서 인간과 AI의 역할 분담

창작 영역에서 AI와 인간의 협력 관계

앞서 AI가 단순한 영상 제작 도구를 넘어 창작자의 협업 파트너로 진화하고 있다는 점을 살펴보았습니다. 이번에는 인간과 AI가 각자의 고유한 역량에 따라 역할을 분담하며 협업한 사례를 통해 창작 과정의 새로운 패러다임을 알아보겠습니다.

인간의 창의적 판단과 감성적 요소에 AI의 데이터 처리 능력을 더한다면, 창작 과정은 한층 더 혁신적으로 변화할 수 있습니다. 이처럼 인간과 AI의 협업 모델에서 핵심은 각자의 강점을 최적화하여 시너지를 창출하는 데 있습니다. 인간의 직관적 창의성과 AI의 데이터 기반 효율성이 조화를 이룰 때, 영상 제작의 가능성은 더욱 확장되고 새로운 창작의 지평이 열릴 것입니다.

AI가 가진 강점

AI는 데이터 처리와 반복 작업의 자동화 측면에서 특히 탁월한 강점을 보입니다. 이 두 가지 핵심 역량은 창작 과정에서 다음과 같은 이점으로 이어집니다.

첫째, 방대한 데이터를 분석하고 예측하는 능력으로 제작 과정의 의사결정을 효과적으로 지원합니다. 둘째, 장면 전환 효과, 색 보정, 오디오 싱크와 같은 반복적 작업을 자동화하여 제작 효율성을 획기적으로 향상시킵니다. 이러한 AI의 기술적 지원 덕분에 인간 창작자는 보다 창의적이고 전략적인 업무에 집중할 수 있습니다.

인간만이 가질 수 있는 강점

인간 창작자의 핵심 강점은 창의성, 직관적 의사결정, 감성적 이해 능력에 있습니다. 이러한 역량은 AI 기술이 현재까지도 도달하지 못한 영역으로, 영상 제작에서 인간 창작자의 대체 불가능한 역할을 분명히 합니다.

기존 데이터로 학습해 재구성하는 AI와 달리, 인간은 전례 없는 아이디어 창출과 혁신적인 스토리텔링, 독창적인 비주얼 스타일 개발에서 탁월한 능력을 발휘합니다. 이처럼 기존 틀을 뛰어넘는 창의적 돌파는 인간만의 고유한 특성입니다.

특히 영상 제작 과정에서는 인간의 직관과 감각적 판단이 독보적인 가치를 발휘합니다. 장면 연출이나 배우의 감정 표현 조율과 같은 섬세한 의사결정 과정에서 인간 창작자의 직관적 통찰은 AI가 대체할 수 없는 고유한 영역입니다.

또한 기술을 통해 인간의 온기와 감정을 전달하는 '휴먼터치'는 시청자의 감성을 움직이는 핵심 요소입니다. 영상 콘텐츠가 제공하는 감정적 경험은 배우의 연기와 대사, 음악, 편집 등 모든 요소에 깃든 인간적 감성에서 비롯됩니다. AI가 이들 요소를 기술적으로 구현할 수는 있지만, 진정한 감정 표현과 공감 능력은 여전히 인간 창작자만의 고유한 영역으로 남아 있을 것입니다.

AI와 인간의 역할 분담, 창작 과정에서 어떻게 이루어질까

영상 제작의 첫 단계인 시나리오 작성 과정에서 AI와 인간은 어떻게 역할을 분담할 수 있을까요? 시나리오 작성은 영상의 근간이 되는 이야기 흐름과 플롯을 구성하는 핵심 작업입니다.

먼저 AI는 방대한 시나리오 데이터를 분석해 장르별로 최적의 플롯 구조를 제안할 수 있습니다. 그 안에서 맥락에 맞는 대사를 생성하고 관객의 반응을 예측해 제공할 수도 있습니다. 특히 다양한 클라이맥스 구성 방식을 통해 효과적인 대사와 장면 설정 등 데이터 기반의 창작을 폭넓게 지원할 수 있습니다.

반면 작가는 AI가 제시한 기본 구조를 바탕으로 창의적 해석과 독창적 요소를 더하는 핵심적 역할을 수행합니다. AI가 제안한 플롯에 맞춰 입체적인 캐릭터를 개발하고, 깊이 있는 맥락을 접목시켜 이야기를 확장합니다. 특히 문화적 배경과 감정선을 고려해 관객과 정서적 교감을 이끌어내며 시나리오를 완성합니다.

캐릭터 디자인 또한 AI와 인간 협업이 효과적으로 구현될 수 있는 영역입니다. AI는 다양한 캐릭터 비주얼과 스타일을 생성해 디자이너에게 다채로운 선택지를 제공합니다. 예를 들어, 시대 배경에 맞는 의상이나 성격에 부합하는 외모 등을 자동 생성하여 디자인의 폭을 넓힙니다. 또한 기존 캐릭터의 스타일 변형이나 재해석도 AI가 제안할 수 있습니다.

디자이너는 AI가 제시한 기초 디자인을 바탕으로 캐릭터의 감정과 개성, 역할에 맞는 섬세한 디테일을 조율합니다. 표정, 자세, 색감 등을 장면의 흐름에 맞게 조정하며, 캐릭터의 내면과 배경 스토리를 시각적으로 완성합니다.

이처럼 AI와 인간의 협업은 창작의 효율성과 다양성을 높입니다. 그러면서도 핵심적 의사결정은 여전히 인간의 창의적 판단이 결정적 역할을 맡고 있습니다.

협업에서 가장 중요한 것은 균형

AI와 인간의 협업에서 핵심은 균형 잡힌 역할 분담입니다. AI에 과도한 역할이 부여되면 인간의 창의성이 위축될 수 있고, 반대로 인간이 모든 과정을 주도하면 AI의 효율성을 제대로 활용하지 못할 수 있습니다.

창의성과 효율성을 모두 극대화하려면 각 단계별로 명확한 역할 정의가 필요합니다. 예를 들어, AI는 데이터 분석과 반복 작업을 맡고 인간 창작자는 의사결정과 창의적, 감성적 표현을 담당하는 방식으로 업무를 분장합니다.

또한 협업 구조는 프로젝트의 특성과 요구사항에 따라 유연하게 조정할 수 있어야 합니다. 기술 발전에 따라 AI의 성능이 뛰어난 영역에서는 AI의 역할을 확대하고 문화적, 사회적으로 민감한 사안에서는 인간의 직관과 판단을 중심으로 역할을 강화하는 등 탄력적인 운영이 필요합니다.

이와 함께 협업 과정에서는 창작 주체성과 윤리 문제에 대한 명확한 기준도 수립해야 합니다. AI가 창작 과정에서 수행하는 역할이 점차 확대됨에 따라 창작 주체의 모호성과 그에 따른 저작권, 소유권 문제는 반드시 검토해야 합니다.

특히 대규모 상업 프로젝트에서는 윤리적 건전성을 확보하기 위한 명확한 기준이 필수입니다. 디렉터는 AI 생성 콘텐츠의 사회적 편향성을 배제하고 인간 창작자의 창의적 자율성을 보장하는 윤리 지침을 수립하여 건강한 협업 환경을 조성해야 합니다.

현재 대부분의 생성형 AI 서비스는 유료 사용자에게 결과물의 저작권을 부여하고 있으며, AI는 아이디어와 콘텐츠 생성을 지원하고 인간 창작자가 이를 최종적으로 완성하는 구조로 정의되고 있습니다.

인간과 AI의 협업 가능성을 현실화하기 위해서는 몇 가지 과제를 해결해야 합니다. 균형 잡힌 역할 분담, 창작물에 대한 윤리적 고려, 기술적 한계의 극복이 그것입니다. 이러한 도전과제를 해결해나간다면 창작의 미래는 훨씬 더 풍부하고 다채로운 모습으로 발전해나갈 것입니다.

LESSON 05

곧 다가올
AI 상업 영화의 시대

AI와 영화 산업의 융합

지금까지 Runway와 같은 AI 도구를 활용한 새로운 영상 콘텐츠 제작 방식에 대해 살펴보았습니다. 영상 콘텐츠의 대표 격인 영화 산업은 늘 기술 혁신과 함께 진화해왔습니다. 흑백에서 컬러로의 전환, 아날로그에서 디지털로의 혁신, 그리고 컴퓨터 그래픽의 비약적 발전이 영화 제작의 지평을 끊임없이 넓혀 왔습니다.

이제는 대규모 상업 영화 제작에도 AI 기술이 본격적으로 도입되며, 또 한 번 전환점을 맞이하고 있습니다.

AI를 활용한 영화 제작은 더 이상 실험적 시도에 머물지 않습니다. 산업 전반에서 실질적인 변화를 이끌고 있으며, 전통적으로 감독과 제작팀의 직관과 경험에 의존하던 창작 과정에 AI가 협업 파트너로 깊이 참여하고 있습니다. 프리 프로덕션부터 포스트 프로덕션까지, AI는 영화 제작의 전 과정에 관여하고 있습니다.

특히 상업 영화의 핵심인 스토리텔링 분야에서 AI의 역할이 두드러집니다. AI는 방대한 데이터를 분석해 장르별 최적의 내러티브 구조를 도출하고, 관객의 감정 흐름을 예측하여 효과적인 스토리 전개를 설계하는 데 도움을 줍니다.

영화 산업에 도입된 AI 실제 사례

AI는 이미 상업 영화 제작에서 핵심 기능을 수행하고 있습니다. 2016년, IBM의 인공지능 '왓슨(Watson)'은 영화 〈모건(Morgan)〉의 트레일러 제작에 참여했습니다. 왓슨은 영화 속 감정 강도를 분석하여 핵심 장면을 선별했으며, 이는 AI가 영화의 정서적 요소까지 효과적으로 포착할 수 있음을 입증한 사례입니다.

같은 해 제작된 〈선스프링(Sunspring)〉은 자연어 처리(NLP) 기술을 활용해 시나리오를 작성한 실험적인 작품입니다. 비록 실험적 성격이 강했지만 AI의 스토리텔링 가능성을 확인하는 중요한 계기가 되었습니다.

오늘날 많은 상업 영화 제작 스튜디오에서는 AI 기술을 도입해 제작 효율성을 크게 향상시키고 있습니다. 앞서 언급한 스토리텔링 같은 프리 프로덕션 단계는 물론, 대규모 인력이 투입되는 포스트 프로덕션과 시각 효과(VFX) 분야에서도 AI 기반 자동화가 활발하게 활용되고 있습니다. 예를 들어, 이미지 보정, 컬러 그레이딩, 로토스코핑처럼 전문가가 고급 편집 도구로 장시간 작업하던 공정도 이제는 AI를 통해 훨씬 빠르고 효율적으로 처리할 수 있게 되었습니다.

나아가 AI를 활용한 디지털 휴먼 기술의 등장은 영화 제작의 새로운 지평을 열었습니다. 단순히 기존 배우의 이미지를 합성하는 수준을 넘어, 이제는 가상 배우가 실제 인물처럼 표정과 감정을 생생하게 연기할 수 있는 단계에 이르렀습니다.

AI 기반 디지털 배우는 '마이크로 익스프레션(Micro-expression)'이라 불리는 섬세한 감정 표현과 실시간 상호작용이 가능해, 특히 판타지나 SF 장르에서 강점을 발휘합니다. 그동안 물리적, 비용적 제약으로 실현이 어려웠던 장면이나 캐릭터도 AI 기술을 통해 구현되면서, 영화 속 스토리텔링과 캐릭터 표현의 범위가 한층 확장되고 있습니다.

대표적 사례로는 〈스타워즈: 로그 원〉에서 고(故) 피터 쿠싱의 모습을 AI 기반 디지털 리크리에이션 기술로 재현한 장면이 있습니다. 디지털 휴먼이 실제 배우와 구분되지 않을 정도의 연기를 선보이며, 상업 영화에서 AI 기반 가상 배우가 새로운 주역으로 떠오를 가능성을 보여준 획기적인 시도였습니다.

AI 기술, 상업 영화로의 확장 가능성

AI 기술의 도입은 상업 영화 산업에서 특히 큰 가능성을 보여주고 있습니다. AI는 언어와 문화의 장벽을 넘어서며, 영화 산업의 세계화를 가속하는 핵심 도구로 떠오르고 있습니다. 자동 번역과 현지화된 콘텐츠 생성 기능은 상업 영화의 국제적 성공 가능성을 높이고 있습니다.

특히 대본 번역과 더빙 분야에서 AI의 역할이 두드러집니다. 자연어 처리 기술은 영화의 맥락과 감정을 파악해, 각국의 문화적 특성을 반영한 정교한 번역을 가능하게 합니다. 또한 음성 합성 기술을 통해 원작 배우의 목소리 톤과 감정을 유지한 상태로 다국어 더빙도 구현할 수 있습니다.

이러한 다국어 지원과 현지화 기능은 상업 영화의 글로벌 흥행을 견인하는 중요한 요소로 작용합니다. 제작사들은 AI를 활용해 각국 관객의 공감을 이끌어낼 수 있는 맞춤형 버전을 빠르게 제작할 수 있으며, 이는 세계 시장 진출의 새로운 전환점이 되고 있습니다.

이제 AI 상업 영화의 시대가 본격적으로 열리고 있습니다. AI는 단순한 보조 도구를 넘어, 영화 제작의 핵심 파트너로 자리잡으며 전 과정에 혁신을 불러오고 있습니다. 스토리 개발부터 기술 자동화, 디지털 배우 도입, 글로벌 현지화에 이르기까지, AI와 인간의 협업은 새로운 영화 제작의 표준이 되어가고 있습니다.

앞으로 영화는 인간과 AI의 협업이 만들어내는 새로운 예술 형식으로 진화할 것입니다. AI는 창작의 문턱을 낮추고 상업 영화 산업에 혁신적 변화를 가져오며, 영화 예술의 지평을 더욱 풍부하게 확장해나갈 것입니다.

MEMO

부록

동영상 생성 AI에 적용된 기술 이해와 해설

LESSON 01

머신러닝과 딥러닝, Runway 영상 생성의 핵심 기술

Runway AI 도구의 핵심 기술

이 책에서 중점적으로 다루는 Runway를 제대로 이해하려면 '머신러닝'과 '딥러닝' 이라는 두 가지 핵심 기술을 먼저 알아야 합니다. 이 두 기술은 단순히 데이터를 처리하는 데 그치지 않고, 영상을 생성하고 편집하는 모든 과정에서 중요한 역할을 합니다.

머신러닝(Machine Learning)

머신러닝은 컴퓨터가 데이터를 기반으로 학습하고, 이를 통해 문제를 해결하도록 만드는 기술입니다. 전통적인 프로그래밍 방식이 명시적인 규칙을 입력해야 하는 것과 달리, 머신러닝은 방대한 데이터를 분석해 스스로 패턴을 학습하고 규칙을 찾아내 문제를 해결합니다.

머신러닝의 기본 작동 원리는 데이터 학습에 있습니다. 컴퓨터는 방대한 데이터를 분석하고 규칙과 패턴을 찾아내며, 이를 바탕으로 새로운 데이터에 대해 예측하거나 결과물을 생성할 수 있습니다.

Runway에서는 이러한 머신러닝 기술이 영상 생성과 편집 전반에 활용됩니다. 예를 들어, 사용자가 푸른 하늘이라는 텍스트 프롬프트를 입력하면, 머신러닝 모델은 '푸른 하늘'로 학습한 데이터 패턴에서 새로운 하늘 이미지를 만들어냅니다.

딥러닝(Deep Learning)

딥러닝은 머신러닝의 한 형태로, 훨씬 복잡하고 정교한 학습을 가능하게 하는 기술입니다. 특히 인간의 뇌 구조를 모방한 '인공신경망(Artificial Neural Networks)'을 이용해 데이터를 처리합니다.

딥러닝의 핵심은 여러 층(Layer)으로 구성된 신경망입니다. 각 층은 수많은 뉴런(Neuron)으로 연결되어 있고, 데이터는 이 층들을 거치며 점차 복잡한 특징과 패턴을 학습합니다.

Runway에서는 이러한 딥러닝이 생성형 AI의 핵심 기술로 사용됩니다. 대표적인 예로 '생성적 적대 신경망(Generative Adversarial Networks, GANs)'이 있습니다. 이 구조는 두 개의 신경망이 서로 경쟁하며 학습하는 방식으로, 보다 정교하고 창의적인 영상 결과물을 만들어냅니다.

머신러닝과 딥러닝의 결합

Runway의 영상 생성 기능은 머신러닝과 딥러닝의 결합을 통해 더욱 혁신적인 결과물을 제공합니다. 텍스트 프롬프트를 기반으로 이미지나 영상을 생성하는 과정에서, 머신러닝은 입력된 프롬프트 내용을 분석하고 딥러닝은 이를 바탕으로 시각적 결과물을 생성하는 방식으로 작동합니다.

머신러닝과 딥러닝은 사용자의 취향과 스타일을 학습하고 그에 맞는 결과물을 생성하는 개인화된 영상 제작에서도 핵심 역할을 합니다. 덕분에 사용자들은 자신의 의도와 감성에 잘 어울리는 창작물을 손쉽게 만들어낼 수 있습니다.

한계와 미래 전망

물론 이러한 AI 기술에도 한계는 존재합니다. 때로는 인간의 창의적 의도를 정확하게 이해하지 못하거나 기대와 다른 결과물을 만들어내기도 합니다. 그러나 기술이 지속적으로 발전함에 따라 이러한 문제는 점차 해결될 것으로 보입니다.

앞으로 머신러닝과 딥러닝 기반의 생성형 AI는 단순한 도구를 넘어 창작 파트너로 자리매김할 것입니다. 실시간 영상 제작이 보다 보편화되고 VR·AR과 같은 인터랙티브 콘텐츠에서도 광범위하게 활용될 전망입니다. 이러한 변화는 더욱 몰입감 있고 개인화된 콘텐츠 제작으로 이어질 것입니다.

머신러닝과 딥러닝은 영상 제작의 판도를 바꾸는 핵심 기술로 앞으로도 무한한 가능성이 열려 있습니다. Runway와 같은 이미지, 영상 생성 도구는 이러한 변화의 선두에 서서 영상 제작의 새로운 시대를 열어가고 있습니다.

LESSON 02
컴퓨터 비전, AI가 이미지와 영상을 보고 이해하는 방법

컴퓨터 비전, AI의 눈과 두뇌

컴퓨터 비전(Computer Vision)은 인공지능의 한 분야로, AI가 사람처럼 이미지를 보고 그 내용을 이해하는 것을 목표로 하는 기술입니다. 이 기술을 통해 AI는 카메라나 영상 데이터를 바탕으로 환경을 인식하고, 객체, 사람, 배경 등을 식별할 수 있습니다. 컴퓨터 비전은 영상 생성과 편집에 필수적인 기반 기술로 Runway에서도 핵심적으로 활용되고 있습니다.

컴퓨터 비전은 AI가 사람처럼 이미지나 영상을 '본다'는 개념을 구현한 기술입니다. 사람이 눈으로 장면을 보고 뇌로 정보를 해석하듯, 컴퓨터 비전은 카메라나 센서로 수집한 이미지 데이터를 분석해 그 안에 담긴 의미를 파악합니다.

다만, AI는 사람처럼 이미지를 직관적으로 인식하지 못하고 수많은 숫자, 즉 픽셀 값의 집합으로 이미지를 이해합니다. 이 숫자들의 패턴을 분석하고 의미를 부여하는 과정이 바로 컴퓨터 비전의 핵심입니다.

컴퓨터 비전의 첫 번째 단계는 이미지 처리입니다. 이때 이미지는 수많은 픽셀로 이루어진 데이터로 변환되며, 이 데이터는 컴퓨터가 처리할 수 있도록 RGB 값의 조합으로 저장됩니다. 예를 들어, 컴퓨터는 이미지 속에서 사람 얼굴을 직접 인식하는 것이 아니라, 얼굴을 구성하는 다양한 색상과 밝기의 픽셀을 수치화하여 읽어 들입니다.

다음은 데이터를 분석해 특징을 추출하는 단계입니다. 여기서 특징이란 이미지에서 특정 객체를 구분하는 데 필요한 정보로, 선이나 모서리, 색상, 질감(패턴) 등이 이에 해당합니다. 예를 들어, 이미지에서 사람의 얼굴을 인식할 때 컴퓨터는 눈, 코, 입 등이 지닌 수치적 특징을 분석하고, 이러한 요소들을 조합해 얼굴이라는 구조를 형성합니다. 이를 통해 AI는 이미지 속에서 특정 개체나 장면을 구분하고 그 특징을 시각적으로 구현할 수 있습니다.

컴퓨터 비전의 작동 원리와 객체 인식

컴퓨터 비전의 핵심 기능 중 하나는 객체 인식입니다. 이는 이미지나 영상 속에서 특정 객체를 찾아내고 그것이 무엇인지 분류하는 과정입니다. 이러한 기술은 앞서 살펴본 딥러닝 알고리즘을 기반으로 이루어집니다. AI는 방대한 이미지 데이터를 학습하여 각 객체의 수치적 특징을 추출하고 이를 바탕으로 대상을 인식합니다.

Runway에서도 컴퓨터 비전 기술을 효과적으로 활용합니다. 예를 들어, 사람이 등장하는 영상을 분석해 인물(객체)을 배경과 분리할 수 있습니다. 이어서 해당 인물만 남기고 배경을 제거하거나 반대로 인물을 교체하는 등 다양한 영상 편집에 활용할 수 있습니다.

이러한 객체 인식의 중심에는 합성곱 신경망(Convolutional Neural Network, CNN)이라는 딥러닝 모델이 있습니다. CNN은 이미지 속 세부 정보를 분석하는 데

탁월한 성능을 발휘하며, 사람의 얼굴, 자동차, 건물 등 다양한 객체를 구분하는 데 효과적입니다.

CNN은 이미지를 여러 층에 걸쳐 분석하며 각 층은 서로 다른 정보를 추출합니다. 첫 번째 층에서는 선이나 모서리 같은 가장 기본적인 특징을 인식하고, 층이 깊어질수록 점점 더 복잡한 패턴을 인식합니다. 마지막 층에서는 앞서 추출된 정보를 종합하여 객체를 분류합니다. 이러한 과정을 통해 컴퓨터 비전은 복잡한 이미지와 영상을 효과적으로 이해하고 처리할 수 있습니다.

Runway에서 컴퓨터 비전 기술과 응용

Runway와 같은 이미지, 영상 생성형 AI에서는 특히 컴퓨터 비전 기술이 다양한 기능에 활용됩니다. 예를 들어, 사용자가 '사람이 서 있는 이미지'와 함께 **사람이 걸어가는 영상**이라는 프롬프트를 입력하면, AI는 이미지에서 '사람'이라는 객체를 식별하고, '걷는다'는 동작의 특징을 구현해 인물이 움직이는 영상을 만들어냅니다.

다만, '걷는 방향'을 프롬프트에 명확히 지정하지 않으면, 거꾸로 걷거나 갑자기 몸을 돌려 방향을 바꾸는 등 부자연스러운 움직임이 생성될 수 있습니다. 이러한 경우에는 프롬프트를 구체적으로 다시 작성하거나 편집 도구를 활용해 보완할 수 있습니다.

이렇듯 컴퓨터 비전 기술은 Runway의 이미지 생성, 영상 편집, 배경 제거와 같은 다양한 기능의 근간이 됩니다. 특히 객체 추적 기능의 발전은 눈여겨볼 만합니다. 과거에는 영상에서 움직이는 사람이나 물체를 자동으로 추적하려면, 사전 카메라 설정이 필요하고 분석 시간도 상당히 길었습니다. 하지만 이제는 AI가 카메라의 움직임까지 시뮬레이션하며 거의 실시간으로 추적과 분석을 수행할 수 있어, 영상 제작자들은 훨씬 효율적이고 창의적으로 작업할 수 있게 되었습니다.

컴퓨터 비전 기술은 영상 제작을 넘어 드론이나 자율주행 차량 등 다양한 분야에도 활용되고 있습니다. 드론은 실시간으로 주변 환경을 분석하고 특정 대상을 추적할 수 있게 되었고, 자율주행 차량은 도로 상황을 실시간으로 분석하여 안전하게 주행할 수 있게 되었습니다.

하지만 기술 발전과 함께 윤리적 문제와 프라이버시 침해에 대한 논의도 더욱 중요해지고 있습니다. 대표적인 예가 딥페이크 기술입니다. 이러한 문제에 대응하려면 생성형 AI 서비스 전반에 정교한 윤리 가이드라인과 투명한 관리 체계를 마련해야 합니다. 또한 AI 시스템 자체에 윤리적 판단 기능을 통합하는 방식도 검토해볼 수 있습니다.

LESSON 03

자연어 처리, AI가 텍스트 명령을 이해하고 실행하는 기술

AI의 언어 이해와 Runway에서의 활용

자연어 처리(Natural Language Processing, NLP)는 컴퓨터가 인간의 언어를 이해하고 그에 맞춰 작업을 수행할 수 있도록 하는 인공지능 기술의 한 분야입니다. NLP 기술을 통해 AI는 사람이 사용하는 일상 언어를 해석하고, 그 의미에 따라 적절한 행동을 취할 수 있습니다. Runway에서도 사용자가 입력한 프롬프트를 이해하고, 그에 맞는 영상을 생성하거나 편집하는 데 핵심적인 역할을 합니다.

자연어 처리의 핵심 과정

자연어 처리 과정에서 AI는 인간 언어의 문법과 문장 구조를 이해하고 그 의미를 해석합니다. 이 과정은 크게 의미 분석과 구조 분석으로 나뉩니다.

의미 분석은 AI가 텍스트에서 각 단어의 의미를 파악하는 과정입니다. 예를 들어, '푸른 하늘'이라는 텍스트에서 '푸른'이 색상을 의미하고, '하늘'이 자연환경을 가리킨다는 사실을 학습된 데이터 기반으로 추론합니다.

구조 분석은 텍스트의 문법과 구문 구조를 분석하여 각 단어가 문장 내에서 어떤 역할을 하는지 파악하는 과정입니다. '우주에서 지구를 바라보는 사람'이라는 문구에서 '사람'을 주체로, '바라본다'를 동작으로, '지구'를 동작의 대상, '우주'를 배경으로 인식합니다. 이러한 분석을 바탕으로 AI는 장면에 필요한 주요 구성요소를 식별하고 적절한 이미지나 영상을 생성합니다.

Runway에서의 응용

Runway에서 자연어 처리 기술은 텍스트-이미지 생성, 텍스트-영상 생성, 영상 편집 등 다양한 기능에 폭넓게 활용됩니다. 특히 텍스트로 영상을 생성할 때 가장 큰 과제는 캐릭터의 동일성 유지입니다. 현재 기술로는 연속된 장면에서 외양이 완벽하게 일치하는 캐릭터를 생성하기 어렵습니다. 이를 보완하기 위해 Midjourney와 같은 AI 이미지 생성 도구를 활용해 동일한 캐릭터와 상황을 이미지로 먼저 제작한 뒤, 이를 Runway에서 영상으로 변환하는 방식을 사용할 수 있습니다.

또한 Runway에서는 텍스트 명령만으로도 영상을 수정할 수 있습니다. 예를 들어, 사용자가 ==배경을 어두운 파란색으로 변경하고, 영상 속 인물의 크기를 두 배로 확대해줘==라는 프롬프트를 입력하면, AI는 명령을 이해하고 영상을 자동으로 편집합니다. 이 과정에서 자연어 처리 모델은 프롬프트의 의미를 세부적으로 분석하고, AI가 실행할 수 있는 코드로 변환하는 역할을 합니다.

앞으로 자연어 처리 기술이 더욱 발전하면, AI가 단순히 프롬프트를 해석하는 수준을 넘어 사용자의 문맥과 감정까지 이해하는 단계에 이를 것입니다. 이러한 기술적 진보는 영상 제작자가 감각적이고 정서적인 표현을 보다 섬세하게 구현할 수 있는 기반이 되어 창작의 폭을 한층 넓혀줄 것입니다.

좋아, 캐릭터의 일관성 유지가 되도록 강조해주고 시드넘버
3377575687를 사용하도록 강조해서 프롬프트 다시 만들어줘

Jun과 Soo가 함께 놀이공원에 도착한 장면 프롬프트

Prompt: Wide-angle shot: Jun (#3377575687) and Soo (#3377575687) arrive happily at an amusement park, vibrant lights and colorful rides in the back<!---->
with stylish black hair, wears a white t-shirt, denim jacket, and
Soo, a young Korean woman with electric blue hair, wears a
her sketchbook. They smile and laugh, excited for the advent<!---->

좋아, 위 프롬프트 유지해주고 Soo 캐릭터의 헤어컬러를 검정색으로
고정하도록해서 다시 프롬프트 만들어줘

Jun과 Soo가 함께 놀이공원에 도착한 장면 프롬프트

Prompt: Wide-angle shot: Jun (#3377575687) and Soo (#3377575687) arrive happily at an amusement park, vibrant lights and colorful rides in the back<!---->
with stylish black hair, wears a white t-shirt, denim jacket, and
Soo, a young Korean woman with long, wavy black hair, wear<!---->
holding her sketchbook. They smile and laugh, excited for the<!---->

맥락 이해

맥락 이해(Contextual Understanding) 기술은 AI가 복합적인 문장 구조 속 다중 명령을 정확히 해석하고 처리하는 데 핵심적인 역할을 합니다. 예를 들어, 바다 위에 떠 있는 배, 그리고 배 위에서 사람들이 즐겁게 웃고 있는 장면이라는 프롬프트에서 AI는 바다, 배, 사람, 웃음 등 각 요소를 개별적으로 인식하고, 이들 간 상호작용을 파악하여 자연스러운 장면으로 구현합니다.

이 기술은 특히 연속적인 장면 전환이나 복합적인 시각 효과를 요구하는 프롬프트에서 더욱 빛을 발합니다. 예를 들어, 어두운 배경에서 시작해 점차 밝아지며, 최종적으로 제품이 중앙에 위치하는 효과처럼 영상 중간에 장면 전환이 이루어지는 프롬프트라면, AI는 각 장면에 대한 지시를 분석해 자연스럽고 매끄러운 시각적 흐름으로 구현할 수 있습니다.

감정 분석 기술의 발전과 창의성의 확장

맥락 이해 기술이 발전함에 따라 AI의 감정 분석 기능도 점차 강화되고 있습니다. 프롬프트 텍스트에서 인간이 느끼는 감정을 추출해 그에 적합한 시각적 요소나 음악을 추천할 수 있게 된 것입니다. 예를 들어, 사용자가 우울한 느낌의 결과물을 요청하면, AI는 어두운 색조, 흐린 배경, 느린 템포 등의 요소를 조합해 감정과 분위기에 어울리는 영상을 생성할 수 있습니다.

이를 통해 사용자는 복잡한 세부 설정 없이도 감정과 상상력을 바탕으로 자연스럽게 영상을 창작할 수 있으며, 창작 과정이 한층 직관적이고 감성적인 경험으로 확장됩니다.

스토리텔링과 개인화의 새로운 가능성

자연어 처리 기술의 진보는 스토리텔링 방식에 새로운 가능성을 제시하고 있습니다. 지금까지 발전한 영상 제작 기술도 경이롭지만, 여전히 각 장면을 프롬프트로 하나하나 지시하며 결과물을 확인하고 조정해야 합니다. 하지만 기술이 더욱 발전하면, 전체 플롯을 미리 설명하고 각 장면의 주요 내용을 차례대로 입력하는 것만으로도 영상을 자동 생성할 수 있는 시대가 머지않아 도래할 것입니다.

또한 사용자의 취향과 선호도를 반영한 개인화 콘텐츠 제작에도 핵심적인 역할을 할 것으로 보입니다. 정교한 맞춤형 콘텐츠 제작이 가능해진다면, 광고와 마케팅, 소셜 미디어 콘텐츠 제작 등 다양한 분야에서 광범위하게 활용될 것입니다.

향후에는 실시간 대화를 통해 인터랙티브 영상을 제작할 수 있고, 음성 인식, 제스처 인식, 시각적 피드백이 결합된 멀티모달 인터페이스 기반의 직관적인 제작 환경도 구현될 것입니다. 이러한 기술의 진보는 창작자들이 기술적 제약을 넘어서 상상력을 현실로 실현하는 새로운 창작의 시대를 여는 밑거름이 될 것입니다.

LESSON 04
생성적 적대 신경망, 고품질 영상 생성의 필수 기술

AI 영상 생성의 핵심 기술, GANs

생성적 적대 신경망(Generative Adversarial Networks, GANs)은 고품질 이미지와 영상 생성을 가능하게 하는 인공지능 기술입니다. GANs는 단순한 데이터 분석을 넘어 실제와 거의 구별되지 않는 새로운 콘텐츠를 만들어내는 데 중요한 역할을 합니다.

여기서 '적대적'이라는 표현은 생성자(Generator)와 판별자(Discriminator)라는 두 개의 신경망이 서로 경쟁하듯 학습한다는 의미입니다. 생성자가 만든 결과물을 판별자가 평가하면서 두 모델이 지속적으로 발전해 더 정교한 결과를 만들어내는 구조입니다.

생성자의 역할과 학습 과정

생성자는 무작위 노이즈에서 출발하여 점차 현실적인 이미지를 만들어내도록 학습합니다. 처음에는 다소 엉성한 결과물을 내놓지만 학습이 거듭될수록 더욱 정교한 이미지를 생성합니다. 생성자의 목표는 판별자가 '진짜'라고 착각할 정도로 사실적인 이미지를 만들어내는 것입니다.

GANs의 훈련이 반복될수록 생성자는 단순한 점이나 선에서 시작하여 사람의 얼굴, 특정 사물과 같은 복잡하고 구체적인 이미지를 만들어냅니다. 이 과정은 판별자의 반응을 바탕으로 생성자가 지속적으로 피드백을 받아 학습하고 개선해나가는 구조로 이루어져 있습니다. 이러한 학습 구조는 Runway와 같은 생성형 AI 도구가 현실감 있는 결과물을 만드는 데 핵심적인 역할을 합니다.

판별자의 역할과 GANs의 진화

판별자는 생성자가 만든 이미지가 진짜인지 가짜인지를 구별하는 역할을 담당합니다. 실제 데이터와 생성된 데이터를 비교하면서 두 이미지 간의 미세한 차이를 학습해, 생성자가 만든 가짜 이미지를 진짜로 착각하지 않도록 훈련됩니다.

예를 들어, 실제 인물 사진과 생성자가 만든 가상의 인물 사진을 비교할 때, 판별자는 얼굴의 비율, 색상, 빛의 반사 등 다양한 요소를 분석하여 진위 여부를 판단합니다. 판별자가 정교해질수록 생성자도 그에 맞춰 더 세밀하고 사실적인 이미지를 만들어내게 됩니다. 이러한 GANs 기술은 단순한 이미지 생성을 넘어 연속된 프레임을 자연스럽게 연결하는 영상 생성 기술에도 응용되고 있습니다.

GANs의 영상 생성과 시공간적 연속성

GANs로 영상을 생성할 때는 단순히 개별 이미지를 나열하는 것이 아니라, 각 프레임이 자연스럽게 연결되는 영상을 만드는 것이 핵심입니다. 프레임 간에 부드럽게 이어지는 영상을 생성하려면 시공간적 연속성을 학습해야 합니다.

예를 들어, 사람이 달리는 영상을 생성할 때는 첫 프레임에서 사람이 달리는 움직임을 시작하고, 이어지는 프레임에서는 조금 더 움직인 모습을 점진적으로 만들어 냅니다. 이렇게 생성된 모든 프레임이 매끄럽게 연속성을 가져야 실제 사람이 달리는 듯한 자연스러운 영상이 완성됩니다.

단순한 영상 생성뿐 아니라 실시간 영상 생성에서도 GANs는 핵심적인 역할을 합니다. 기술의 발전으로 이제 GANs는 실시간 스트리밍이나 인터랙티브 콘텐츠와 같은 분야에 효과적으로 활용되고 있으며, 나아가 영상 제작을 넘어 게임, 가상현실(VR) 등 다양한 영역에서도 중요한 기술로 자리매김하고 있습니다.

GANs가 일으킨 영상 산업의 혁신

GANs는 영상 제작 기술뿐 아니라 영상 산업 전반에 큰 변화를 일으키고 있습니다. 특히 콘텐츠 제작에 소요되는 시간과 비용을 획기적으로 줄이고 효율적인 제작 환경을 조성하고 있다는 점에 주목할 만합니다.

가장 큰 장점은 저예산으로도 고품질 콘텐츠를 제작할 수 있다는 점입니다. 기존에는 고품질 영상 제작에 대규모 장비와 전문 인력이 필수였지만, 이제는 GANs를 활용해 높은 퀄리티의 영상을 자동으로 생성할 수 있습니다. 이는 독립 영화 제작자나 소규모 콘텐츠 제작자에게 새로운 창작 기회를 제공합니다.

예를 들어, 독립 영화 제작자는 우주 배경과 같은 비싼 세트나 CGI 팀 없이도, GANs를 통해 간단한 프롬프트만으로 우주 배경의 영상을 즉시 생성할 수 있습니다. 이로써 제작 비용과 시간을 크게 줄일 수 있습니다.

소규모 다큐멘터리 팀 역시, 위험하거나 접근이 어려운 장소의 촬영을 GAN으로 대체할 수 있습니다. 고산 지대처럼 촬영이 어려운 환경도 가상으로 구현하고 인물의 행동을 자연스럽게 합성함으로써 현실감 있는 장면을 효율적으로 제작할 수 있습니다.

이제는 개인 창작자뿐만 아니라 전문 제작자들 역시 GANs 기술을 활용해 콘텐츠를 더욱 창의적이고 독특하게 표현하고 있습니다. 고품질 영상을 단시간에 제작하고 빠르게 공유할 수 있는 환경이 갖춰지면서, 영상 제작은 더 이상 전문가만의 영역이 아니라 누구나 도전할 수 있는 열린 분야로 변모하고 있습니다.

▲ Runway로 필자가 제작한 영상의 한 장면

GANs의 한계와 미래 전망

GANs는 강력한 기술이지만 여전히 몇 가지 명확한 한계를 안고 있습니다. 프롬프트를 통해 고화질의 실사 영상을 생성할 수 있지만, 항상 완벽한 결과를 보장하지는 않습니다. 세밀한 디테일이 부족하거나 비현실적인 왜곡이 발생할 수 있으며, 특히 고해상도 영상에서는 작은 오류가 쉽게 눈에 띄기도 합니다.

또한 영상 생성에는 대량의 데이터와 높은 연산 능력이 요구되므로, 고성능 하드웨어와 긴 학습 시간이 필요합니다. 이는 저예산 창작자나 소규모 제작팀에게는 여전히 큰 장벽이 될 수 있습니다. 게다가 딥페이크 등 기술의 오남용 가능성도 사회적으로 중요한 이슈로 떠오르고 있습니다.

AI가 창작의 영역에 본격적으로 진입하면서 사람과 AI 간 협력 방식에 대한 논의도 활발해지고 있습니다. 창작자는 여전히 콘텐츠의 방향성과 감정적 요소를 설계하는 핵심 역할을 맡고 있지만, AI가 점점 더 많은 작업을 자동화하면서 그 역할에도 변화가 일어나고 있습니다.

특히 CGI 작업에서 그 변화는 두드러집니다. 과거에는 3D 모델링과 합성에 수개월이 걸리던 작업이 이제는 며칠 만에 가능해졌으며, 그만큼 제작 비용과 시간을 획기적으로 절감할 수 있게 되었습니다. 이러한 기술이 더욱 고도화되고 정교해진다면, 창작자는 자신이 상상하는 복잡한 장면이나 섬세한 스토리라인을 한층 더 정밀하게 구현할 수 있을 것입니다.

찾아보기

숫자

3D Capture 42

ㄱ

교육 영상 51

ㄴ

내레이션 150

ㄷ

대시보드 59
독립 영화 53
등장인물 묘사 76
딥러닝 24, 217
딥페이크 201

ㄹ

런웨이 14
런웨이 가입 59
런웨이 립싱크 40
립싱크 32, 150

ㅁ

맥락 이해 226
머신러닝 216
모션 그래픽스 28
뮤직 비디오 49
미드저니 90, 160

ㅂ

배경 제거 24
배경음악 99, 145
비디오-비디오 15

ㅅ

색감과 조명 87
생성자 228
생성적 적대 신경망 228
소스 파일 관리 113
스토리보드 168
슬로우 모션 45
시나리오 작성 127
시드 넘버 94

ㅇ

아이디어 구상 73
영상 생성 19, 138
음악 영상 49
이미지 첨부 88
이미지-비디오 15
이미지-이미지 16
인페이팅 44
일레븐랩스 38

ㅈ

자연어 처리 18, 209
장면 설정 85
장면별 프롬프트 134
저작권 문제 199
정보 전달 영상 51
조명 프롬프트 68

ㅋ

카메라 구도 65
카메라 움직임 83
캐릭터 개발 76
캐릭터 일관성 94

캡컷 106
컴퓨터 비전 18
컷과 씬 81
코덱 118
콘텍스트 인식 44
클로바 더빙 34, 147

ㅌ

타입캐스트 36
텍스트 효과 프롬프트 31
텍스트-비디오 15
텍스트-이미지 16
투명성과 편향성 200
특수효과와 움직임 87

ㅍ

판별자 228
폰에믹 매핑 33
프레임 속도 118
프레임 채우기 45
프로젝트 시작 59
프롬프트 60
프롬프트 구조 83
프롬프트 엔지니어 195
프롬프트 작성 원리 65
프롬프트 프리셋 70
플롯과 장면 구성 127

ㅎ

해상도 118
효과음 99, 142

찾아보기

A
Actions 22
AI 콘텐츠 큐레이터 198

C
CapCut 106, 156
Character Refrences 166
ChatGPT 125
Clova Dubbing 34, 147

D
Dall-E 92
Dashboard 59

E
ElevenLabs 38, 103, 142

G
GANs 228
Gen-3 Alpha 61
Gen-4 63
GPTs 73

I
Image Prompts 166
Inpainting 44

L
Lip Sync Video 32

M
Midjourney 90, 160

N
NLP 18, 209

P
Prompt Preset 70

R
Remove Background 24
Runway 14

S
Style 22
Style Refrences 166
SUNO 100, 145
Super-Slow Motion 45

T
Text to Video 18
Typecast 36